궁금했어,
첨단 소재

궁금했어, 첨단 소재

권경숙 글 | 이혜원 그림

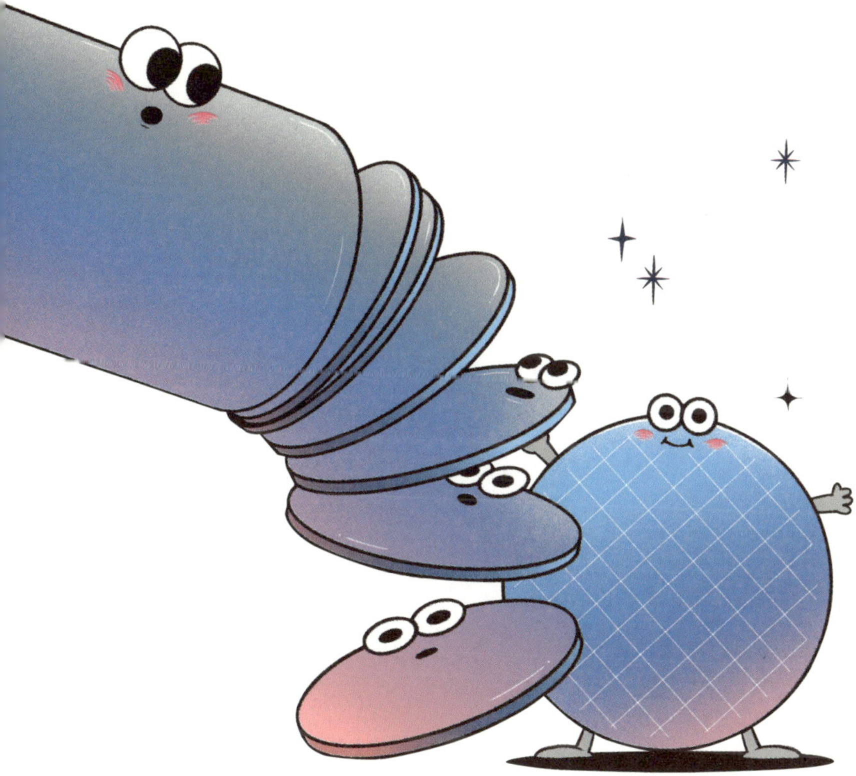

나무생각

차례

1장
우리 삶을 바꾼 물질 ... 7

세상과 우리를 만든 원소 ... 9
원소 주기율표 ... 14

2장
인류 문명을 이끈 금속과 합금 ... 17

금속의 90% 이상을 차지하는 철 합금 ... 19
다양한 합금들 ... 27
/ 궁금 pick / 우리 모두는 철든 사람 ... 34

3장
도자기에서 반도체까지, 세라믹 ... 37

불에 구운 진흙 ... 39
인체에도 사용되는 첨단 세라믹 ... 45
/ 궁금 pick / 유리는 세라믹일까? ... 50

4장
거의 모든 재료를 대신할 수 있는 소재, 플라스틱 ... 53

사람이 만들어 낸 인공 물질 ... 55
다양한 플라스틱의 기능과 종류 ... 64
편리함 속에 담긴 문제들 ... 73
/ 궁금 pick / 플라스틱 분리배출 5문 5답 ... 78

5장
석유에서 섬유로, 합성 섬유 ... 81

최초의 합성 섬유 ... 83
배트맨의 슈트를 만들 수 있을까? ... 89
/ 궁금 pick / 미세 섬유가 뭘까? ... 96

6장
꿈의 물질, 초전도체 ... 99

아이언맨의 심장, 아크 원자로 ... 101
초전도체의 발전 ... 107
/ 궁금 pick / 미리 가 보는 20XX년 ❶ ... 110

7장
세상을 바꿔 가는 반도체 ... 113

마음대로 전기가 통하는 신기한 물질 ... 115
다이오드, 트랜지스터, 반도체 칩 ... 121
반도체의 미래 ... 128
/ 궁금 pick / 미리 가 보는 20XX년 ❷ ... 132

8장
원자 단위까지 작아지면 변신하는 나노 물질 ... 135

물질이 작아지면 일어나는 놀라운 일들 ... 137
나노와 함께하는 첨단 기기와 의료 분야 ... 142
나노 물질의 미래 ... 149
/ 궁금 pick / 미리 가 보는 20XX년 ❸ ... 152

작가의 말 ... 154

1장

우리 삶을 바꾼 물질

세상과 우리를 만든 원소

이 책에는 우리 생활과 밀접하고 중요한 원소들이 많이 등장할 거야. 원소 이름이 나오면 14쪽에 있는 원소 주기율표를 펼쳐서 그 원소를 찾아 위치를 확인하면 좋겠어. 처음에는 귀찮고 어렵겠지만 이 과정을 통해 원소의 이름에 익숙해진다면 과학이 조금은 만만해질 거야. 원소는 물리, 화학, 지구과학, 생물은 물론 첨단 과학을 공부하는 데도 기본이거든.

아, 본격적으로 시작하기 전에 꼭 나누고 싶은 이야기가 있어. 우리는 지금 하늘을 나는 비행기나 순식간에 전 세계 누구와도 연결될 수 있는 컴퓨터를 당연하게 사용하고 있지. 하지만 불과 수백 년 전, 짧게는 수십 년 전만 하더라도 이 모든 건 상상에서나 가능했을 뿐이라는 점이야.

무엇이 상상을 현실로 가능하게 했을까? 그 핵심이 바로 이 책의 주제인 첨단 소재, 즉 새로운 물질이지. 인류가 새로운 물질들을 계속 개발해 왔기 때문에 비행기도 컴퓨터도 만들 수 있게 된 거야. 그런데 지구상에 있는 모든 물질이 우주에서 왔다는 사실을 알고 있니? 놀랍게도 자연에 존재하는 물질 중에 지구에서 만들어진 것은 단 하나도 없어.

자, 우선 물질의 기본인 원자부터 알아볼까? 모든 물질, 그러니까 우리 몸부터 거대한 비행기까지 모두 원자들의 결합으로 이루어진 거야. 그리고 모든 원자들은 한 가지 원소에서 출발했어. 바로 수소(H)지. 원소 주기율표 맨 앞에 있는 수소가 지구는 물론 우주에 존재하는 모든 물질을 만들어 낸 조상님과 같아.

빅뱅에 대해서 한 번쯤 들어 봤을 거야. 우주가 생겨나기 전에 우주에 존재하는 모든 물질과 에너지를 담고 있는, 작지만 엄청난 하나의 점이 있었고, 이 점이 폭발해서 우주가 생겼다고 하잖아. 이 엄청난 폭발을 '빅뱅'이라고 하지.

빅뱅 이후 가장 먼저 생겨난 게 바로 수소야. 주기율표를 보면 원소마다 번호가 매겨져 있는데, 수소가 1번이지. 이 세상의 모든 원소는 수소에서 출발해서 만들어졌어. 단 하나도 예외가 없어. 빅뱅으로 탄생한 수소가 어느 날 우연히 2개가 결합해 하나가 되는 엄청난 일이 일어났어. 이렇게 생겨난 게 헬륨(He)이야. 주기율표 2번 자리에 있는 것을 확인해 보렴.

수소가 헬륨으로 바뀌는 게 얼마나 힘겨운 일인지 간접적으로 확인하는 방법이 있어. 하늘의 태양을 한번 봐. 너무 눈부셔서 오래 볼 수도 없지만, 자칫 이글이글 불타는 태양 빛에 눈이 상할 수 있으니 조심해. 지구의 모든 생명체를 먹여 살리는 태양 빛과 열이 바로 수소가 헬륨이 되는 과정에서 발생하는 거야. 수소 원자끼리 결합하는 과정에서 엄청난 에너지가 나오거든.

그럼 주기율표에 있는 수많은 원소는 어디서 왔을까? 수소가 힘겹게 헬륨으로 변하듯, 원자들이 또 힘겹게 뭉치고 뭉쳐서 점점 더 큰 원소를 만들어 내는 거야. 그런데 원자들이 뭉치려면 아주 크고 무거운 별의 환경이 필요해. 새로운 원소를 만들어 내는 데 있어서는 태양도 아기별일 뿐이야. 태양에서는 헬륨 정도의 가벼운 원소를 주로 만들고, 이외에 산소(O), 탄소(C), 질소(N) 같은 원소를 적은 양만 만들어 낼 수 있을 뿐이지.

우리가 이 책에서 다루는 철(Fe)은 원자 번호가 26번인데, 철이 만들어지려면 태양의 10배 정도 큰 별이어야 가능해. 그러면 79번인 금은 도대체 어떤 환경에서 만들어질까?

수명이 다한 별이 폭발하는 걸 초신성이라고 해. 초신성이 폭발하면 별의 중심 부분에서 어마어마한 밀도로 뭉쳐진 별이 생기는데 이것이 '중성자별'이야. 중성자별은 각설탕 크기의 질량이 10억 톤이나 될 정도로 밀도가 높지. 이런 중성자별이 충돌할 때는 금이 많이 만들어져.

수소에서 출발한 원소는 극한 환경에서 결합하면서 다른 원소들을 만들어 냈고, 바로 그 원소들이 지구로 와서 우리 몸도 만들고 산과 바다도 만든 거야. 우리가 이 책에서 만나게 될 다양한 물질들도 다 그렇게 우주에서 온 원소들의 결합이라는 거지.

그런데 사실 우주에서 오지 않았지만 인간이 만들어 낸 원소도 있어. 이들을 '인공 원소'라고 하는데, 자연 상태에는 존재하지 않고 존재하더라도 아주 적어서 없다고 봐도 되는 정도야.

과학자들은 오래전부터 우주에서 온 원소들을 가지고 새로운 원소를 만들어 내려는 시도를 해 왔어. 결국 가속기라는 거대한 시설을 이용해서 인공으로 원소들을 만들어 내는 데 성공했는데, 이들 중 몇 가지는 활용되고 있어. 핵폭탄을 만드는 데 사용했던 플루토늄이 대표적인 인공 원소야.

플루토늄 외에도 넵투늄이나 아메리슘 같은 원소들이 의학 기기 등에 사용되고 있기는 하지만, 대부분의 인공 원소들은 불안정하기 때문에 금방 사라지고 말아. 원소 주기율표에서 43번인 테크네튬과 93번부터 118번까지의 원소 전체가 이러한 인공 원소들이야.

이런 사실을 알고 나니 우리를 둘러싸고 있는 물질들이 훨씬 새롭게 느껴지지 않니? 이제 새로운 마음으로 인류의 역사와 삶을 바꿔 온 첨단 소재들을 만나러 가 보자.

원소 주기율표

표기법:
원자 번호
기호
원소 이름

금속성 증가 ↓

주기\족	1	2	3	4	5	6	7	8	9
1	1 **H** 수소								
2	3 **Li** 리튬	4 **Be** 베릴륨							
3	11 **Na** 소듐	12 **Mg** 마그네슘							
4	19 **K** 포타슘	20 **Ca** 칼슘	21 **Sc** 스칸듐	22 **Ti** 타이타늄	23 **V** 바나듐	24 **Cr** 크로뮴	25 **Mn** 망가니즈	26 **Fe** 철	27 **Co** 코발트
5	37 **Rb** 루비듐	38 **Sr** 스트론튬	39 **Y** 이트륨	40 **Zr** 지르코늄	41 **Nb** 나이오븀	42 **Mo** 몰리브데넘	43 **Tc** 테크네튬	44 **Ru** 루테늄	45 **Rh** 로듐
6	55 **Cs** 세슘	56 **Ba** 바륨	57-71 란타넘족	72 **Hf** 하프늄	73 **Ta** 탄탈럼	74 **W** 텅스텐	75 **Re** 레늄	76 **Os** 오스뮴	77 **Ir** 이리듐
7	87 **Fr** 프랑슘	88 **Ra** 라듐	89-103 악티늄족	104 **Rf** 러더포듐	105 **Db** 더브늄	106 **Sg** 시보귬	107 **Bh** 보륨	108 **Hs** 하슘	109 **Mt** 마이트너륨

6	57 **La** 란타넘	58 **Ce** 세륨	59 **Pr** 프라세오디뮴	60 **Nd** 네오디뮴	61 **Pm** 프로메튬	62 **Sm** 사마륨	63 **Eu** 유로퓸
7	89 **Ac** 악티늄	90 **Th** 토륨	91 **Pa** 프로트악티늄	92 **U** 우라늄	93 **Np** 넵투늄	94 **Pu** 플루토늄	95 **Am** 아메리슘

← 금속성 증가

								18
			비금속성 증가 →					2 **He** 헬륨
			13	14	15	16	17	
	비금속		5 **B** 붕소	6 **C** 탄소	7 **N** 질소	8 **O** 산소	9 **F** 플루오린	10 **Ne** 네온
	준금속		13 **Al** 알루미늄	14 **Si** 규소	15 **P** 인	16 **S** 황	17 **Cl** 염소	18 **Ar** 아르곤
10	11	12						
28 **Ni** 니켈	29 **Cu** 구리	30 **Zn** 아연	31 **Ga** 갈륨	32 **Ge** 저마늄	33 **As** 비소	34 **Se** 셀레늄	35 **Br** 브로민	36 **Kr** 크립톤
46 **Pd** 팔라듐	47 **Ag** 은	48 **Cd** 카드뮴	49 **In** 인듐	50 **Sn** 주석	51 **Sb** 안티모니	52 **Te** 텔루륨	53 **I** 아이오딘	54 **Xe** 제논
78 **Pt** 백금	79 **Au** 금	80 **Hg** 수은	81 **Tl** 탈륨	82 **Pb** 납	83 **Bi** 비스무트	84 **Po** 폴로늄	85 **At** 아스타틴	86 **Rn** 라돈
110 **Ds** 다름슈타튬	111 **Rg** 뢴트게늄	112 **Cn** 코페르니슘	113 **Nh** 니호늄	114 **Fl** 플레로븀	115 **Mc** 모스코븀	116 **Lv** 리버모륨	117 **Ts** 테네신	118 **Og** 오가네손

↑ 비금속성 증가

64 **Gd** 가돌리늄	65 **Tb** 터븀	66 **Dy** 디스프로슘	67 **Ho** 홀뮴	68 **Er** 어븀	69 **Tm** 툴륨	70 **Yb** 이터븀	71 **Lu** 루테튬
96 **Cm** 퀴륨	97 **Bk** 버클륨	98 **Cf** 캘리포늄	99 **Es** 아인슈타이늄	100 **Fm** 페르뮴	101 **Md** 멘델레븀	102 **No** 노벨륨	103 **Lr** 로렌슘

2장

인류 문명을 이끈
금속과 합금

금속의 90% 이상을 차지하는 철 합금

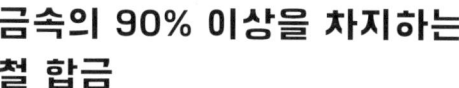

'합금'이 뭘까? 한자로 쓰면 '합하다'는 뜻의 '합(合)'에 쇠를 뜻하는 '금(金)' 자를 써. 그러니까 '철에 다른 어떤 물질을 섞은 것'이라고 생각될 거야. 그런데 이게 100점 답안은 아니야.

합금은 원재료로 꼭 철만 사용하지는 않거든. 철뿐 아니라 다양한 금속을 주원료로 해서 다른 금속을 첨가하거나 금속이 아닌 다른 물질을 첨가하는 걸 모두 합금이라고 해. 합금의 종류는 정말 엄청나게 많아. 금속의 종류만 해도, 철, 알루미늄, 니켈, 구리, 아연, 납, 주석, 망가니즈 등 거의 90종이나 되고 이들을 재료로 섞어서 만든 합금의 종류는 10만 가지가 넘지.

이렇게 합금의 종류가 다양하지만 원재료로 철을 사용하는 경우가 거의 대부분이야. 합금은 크게 철의 합금인 '철금속'과 철이 아닌 다른 금속의 합금인 '비철금속'으로 나누지. 비철금속의 경우에도 철이 주재료가 아닐 뿐 대부분 철이 포함되어 있어.

 철이 얼마나 중요한지 이해가 되지? 그런데 왜 굳이 섞어서 합금으로 만드는 거냐고? 금속이라고 하면 모두 단단할 것 같지만 꼭 그렇지는 않아.

아이언맨의 슈트와 철

 마블 영화 속 슈퍼 히어로들의 리더인 아이언맨(Iron Man)은 우리말로 하면 '철인'이야. 초기에는 아이언맨이 투박한 강철로 만든 슈트를 입고 등장했는데, 시간이 지날수록 점점 최첨단 소재로 만든 슈트를 선보였지.

 슈트를 입은 아이언맨은 총알을 맞아도 끄떡없고, 영하 수십 ℃에서도 얼지 않을 뿐만 아니라 우주에서 날아온 운석을 맞고도 살아나. 그런데 만약 슈트를 순수한 철로 만들었다면 아이언맨은 결코 지구를 구하는 영웅이 될 수 없었을 거야.

 왜냐하면 철은 생각보다 약하거든. 순수한 철로 칼을 만들면 구리보다 잘 부러져. 철에 뭔가를 섞어야 강해진다는 거지. 철은 생각보다 무른 금속이어서 도구를 만드는 데 적합하지 않아. 철기 시대가 시작될 수 있었던 건 바로 인류가 철을 가공해서 합금을 만드는 방법을 찾아냈기 때문이야.

 철의 가공법을 가장 먼저 찾아낸 건 기원전 1500년경의 고대 국가

히타이트 왕국으로 알려져 있어. 히타이트인들은 철을 '열로'라는 그릇에 숯과 함께 넣고 열을 가해 유연하면서도 강한 철을 얻는 기술을 알아냈어. 여기서 바로 숯이 합금을 만들어 낸 거야.

철은 자연에서 산소 원자와 결합한 형태로 존재하기 때문에 숯과 함께 가열하면 산소가 떨어져 나가면서 순수한 철을 얻을 수 있지. 그런데 이때 숯에 있던 탄소가 철에 아주 조금 들어가게 되는데, 이것이 연약한 철을 강하게 만드는 역할을 한 거야. 탄소가 0.02~2% 정도 포함되면 강하고 유연한 강철이 만들어져. 그러니까 강철은 철과 탄소가 결합한 합금인 거지. 물론 고대인들은 이런 과학적 원리를 알지 못했겠지만.

강철은 만들기 어려웠기 때문에 당시에는 금보다 5배, 은보다는 무려 40배가 비쌌지.

철을 가진 자가 세상을 지배한다는 말이 나올 정도로 철은 막강한 역할을 했어. 도끼도 만들고 낫이나 가래 같은 농기구를 만들어 훨씬 많은 농작물을 수확할 수 있었고, 집도 튼튼하게 지을 수 있었지. 이렇게 강철은 점점 발전해 가며 마차도 만들고 자동차도 만들고 배도 만들면서 인류 문명을 주도했어.

녹슬지 않는 합금, 스테인리스강

그런데 강철에도 치명적인 단점이 있어. 바로 녹이 슨다는 거야.

영국의 포스교

미국에 있는 자유의 여신상도 녹과 전쟁 중이야. 자유의 여신상의 표면은 구리이지만, 여신상의 무게를 지탱하기 위해 보이지 않는 곳에 철을 훨씬 더 많이 사용했거든.

철은 자연에서 산소와 결합한 형태로 발견된다고 했잖아. 녹스는 과정이 바로 철이 산소와 다시 결합하는 거야. 철을 제련*하는 과정에서 산소를 떼어 내지만 철은 틈만 나면 산소와 다시 붙으려고 하거든. 이렇게 철이 산소와 결합하면 녹이 슬고 잘 부서져. 그래서 청동기 시대보다 후대인 철기 시대 유물이 오히려 보존 상태가 안 좋은 거지.

영국에 있는 유네스코 세계 유산인 포스교는 녹스는 것을 막기 위해 120년 동안이나 계속해서 페인트칠을 했고, 미국 샌프란시스코의 유명한 건축물 금문교도 매년 엄청난 양의 페인트를 칠하면서 다리를 유지하고 있어.

이렇게 녹이 슨다는 점 때문에 철은 알루미늄에 밀려나기도 했어. 그런데 이때 놀라운 과학적 발견이 우연히 일어났지. 제1차 세계 대전을 앞두고 무기 확보에 한창이던 때였어. 영국의 제강 회사에서 일하

*제련 광석을 녹여서 함유된 금속을 뽑아내고 정제하는 것을 말한다.

던 연구원 해리 브리얼리는 총알이 발사될 때 생기는 열 때문에 총열이 너무 빨리 닳는 문제를 해결하기 위해 더 강한 철을 만드는 연구를 하고 있었어. 강철에 니켈이나 알루미늄 같은 여러 가지 원소를 첨가해 보면서 실험을 했지만 결과는 신통치 않았지.

그러던 중 강철 더미에서 반짝반짝 빛나고 있는 금속을 발견했어. 강철에 크로뮴(Cr)을 추가한 금속이었는데, 시간이 지나도 녹슬지 않고 반짝거렸지. 재미있는 건 크로뮴을 계속 추가한다고 철이 더 강해지는 건 아니었어. 크로뮴도 강철처럼 녹이 쉽게 생기는 금속이었는데, 신기하게도 강철에 크로뮴을 적절한 비율로 섞으니 녹슬지 않는 철이 만들어진 거야. 크로뮴은 산소와 만나면 철의 표면에 얇은 막을 만들게 되는데, 이 막이 철과 산소가 만나는 걸 막아 주었기 때문이지. 이렇게 우연히 탄생한 것이 녹슬지 않는 새로운 합금인 '스테인리스강'이야.

우리가 사용하는 숟가락, 냄비, 병원에서 사용하는 도구 등이 모두 스테인리스강으로 되어 있어. 스테인리스강 덕분에 우리는 안전하게 철을 사용할 수 있지. 그런데 스테인리스강도 녹이 전혀 안 생기는 건 아니야. 스테인리스강으로 된 상하수도관도 오래되면 교체해야 해. 완전히 녹에서 자유롭지는 못하거든.

그런데 녹이 슬어도 괜찮은 강철도 있어. '내후성강'이라고 해. 내후성강은 철에 구리(Cu), 크로뮴, 인(P), 니켈(Ni) 등을 첨가해서 만드는데, 처음에는 다른 철처럼 녹이 슬어. 그러다가 1, 2년이 지나면 멈추지. 크로뮴이

스테인리스강으로 만든 비누
철로 비누를 만들 수 있다. 거짓말 같지만 실제로 철로 만든 비누가 시중에 판매되고 있다. 비누처럼 거품이 나지는 않지만 주로 냄새를 없애는 용도로 활용된다.

나 니켈이 안에서 보호막을 만들어서 더 이상 녹이 슬지 않게 막아 주거든. 그래서 다리뿐만 아니라 건물의 외벽으로도 사용하고 있어. 거리를 지나다가 붉은색을 띤 다리나 건물이 보이면 유심히 살펴봐. 내후성강일 테니까.

철이 합금의 핵심 재료인 이유

지금은 다양한 분야에서 철 합금을 활용하고 있어. 자동차나 로켓처럼 우리 눈에 보이는 곳 말고도 보이지 않는 곳에도 말이야. 컴퓨터나 휴대 전화 등에 들어 있는 반도체 칩을 붙이는 판을 '리드 프레임'이라고 하는데, 이것도 철에 니켈을 섞어서 만든 합금이야. 또 텔레비전이나 컴퓨터 모니터 안에는 우리가 선명한 색상을 볼 수 있도록 하는 '섀도 마스크'라는 얇은 판이 들어 있는데 이것도 니켈과 철을 섞은 합금으로 만들어.

자동차 타이어에도 철이 들어가. 밖에서 보면 고무로만 되어 있는 것 같지만, 고무 안에 '스틸 타이어 코드'라는 얇은 철선들이 있어. 승용차 바퀴 하나에 600g 정도가 들어가는데, 철선 덕분에 타이어 수명이 길어지는 건 물론 승차감도 좋아지지.

생활 곳곳에서 활용되는 철은 인류가 사용하는 금속의 90%를 차지할 정도로 우리 삶과 떼려야 뗄 수가 없어. 인류가 도구를 만든 재료를 기준으로 석기 시대, 청동기 시대, 철기 시대로 나누잖아. 그런 면에서 보면 우리는 지금도 철기 시대에 살고 있는 셈이야.

그런데 왜 철은 이렇게 우리에게 가장 중요한 재료가 되었을까? 철이 우수한 재료여서이기도 하지만 가장 큰 이유는 지구상에 철이 많기 때문이야. 아무리 우수해도 쉽게 구할 수 없으면 널리 사용하지 못했겠지.

지구는 철의 행성이라고 불러도 될 정도로 철이 많아. 대부분의 철은 지구 깊숙한 곳에 있는 내핵과 외핵에 자리하고 있어. 특히 외핵에서 액체 상태인 철은 윗부분과 아랫부분의 온도와 밀도가 달라서 서서히 움직이며 대류 현상을 일으켜. 이 때문에 지구를 감싸는 거대한 자기장이 만들어지지. 자기장이 없다면 우주의 방사능 물질이 지구로 그대로 들어오기 때문에 우리는 몇 초도 못 견디고 죽고 말 거야.

그러면 인류가 활용할 수 있는 철은 얼마나 될까? 지구의 껍질인 지각에는 전체 철의 5.2%가 있어. 적다고 느낄지 모르지만 1,500억 톤 정도나 돼. 앞으로 150년 정도는 사용할 수 있는 양이지. 그러면 150년 뒤에는 철기 시대가 끝나는 거냐고? 다행히 그렇지는 않아. 철은 다시 녹여서 재활용할 수 있고, 자석을 이용하면 수월하게 수거할 수 있거든. 또 별다른 조치 없이 그냥 두어도 다른 물질보다 쉽게 분해가 되는 친환경적인 소재야. 물질이 분해되어 땅으로 돌아가는 데 걸리는 시간이 플라스틱이 100년, 스티로폼이 500년, 알루미늄이 500년인 데 비해 철은 수십 년이면 되거든.

다양한
합금들

자, 이제 철 말고 다른 금속을 주재료로 만든 합금의 세계로 가 보자. 알루미늄(Al)은 장점이 많은 금속이야. 철처럼 녹이 슬지도 않고, 무엇보다 가볍잖아. 알루미늄으로 만든 음료수 캔을 손으로 구겨 본 적이 있을 거야. 이렇게 가벼우니 가공하기도 쉽고 열과 전기도 잘 전달하고, 무게도 철의 3분의 1밖에 안 돼.

알루미늄에 니켈, 구리, 망가니즈(Mn), 규소(Si), 마그네슘(Mg), 아연(Zn) 같은 원소를 첨가하면 성질을 바꿀 수 있어. 알루미늄이 가진 장점은 살리고, 약점은 보완하는 거지. 구리와 마그네슘, 망가니즈를 조금 첨가하면 '두랄루민'이라는 알루미늄 합금을 만들 수 있는데, 가볍고 튼튼해서 비행기와 방탄복, 방패를 만들 때 두루 사용하고 있어.

실제로 알루미늄은 항공기의 발전에 매우 큰 공을 세웠어. 보잉747

여객기의 몸체 중 80%에 알루미늄 합금을 사용할 정도야. 비행기가 하늘을 날려면 많은 연료가 필요한데, 가벼워질수록 연료가 더 적게 드니까 알루미늄은 에너지를 절약하는 데도 큰 공을 세운 셈이지.

그뿐만이 아니야. 비행기는 운행 중에 적어도 1년에 한 번은 번개를 맞는다고 해. 엄청난 전기를 가진 번개가 금속으로 된 비행기에 쏟아지는 거잖아. 그런데 번개를 맞아서 비행기 사고가 났다는 뉴스를 본 적은 없을 거야. 이게 바로 알루미늄 합금인 두랄루민 덕분이지.

두랄루민은 전기를 잘 흐르게 하는 성질이 있어. 번개가 내리치면 비행기 몸체 전체로 전류가 빠르게 퍼지면서 날개 끝쪽에 있는 '정전기 방출기'를 통해 대기로 흩어지는 거야.

기억할 줄 아는 금속, 형상기억합금

금속이 다른 원소와 섞여서 만들어 내는 힘이 참 신기하지? 합금 중에는 기억을 하는 금속도 있어. 영화 〈터미네이터 2〉에는 T-1000이라는 악당이 총을 맞아 망가진 상태가 되었다가 다시 멀쩡해지는 장면이 있어.

물론 현실에서는 어려운 일이지. 그런데 영화에서처럼 금속 중에도 자기 모양을 기억해 되돌아오는 금속이 있어. '형상기억합금'이라고 하는데, 말 그대로 금속이 일정한 모양을 기억하고 있다가, 변형되었다가도 돌아오는 거지. 형상기억합금은 안경테에 많이 사용하는데, 실수로 구부러뜨리거나 부러뜨리는 경우가 많기 때문이지.

형상기억합금이 가장 먼저 실용적으로 사용된 건 아폴로 11호가 달에 갈 때였어. 둥글넓적한 안테나를 구겨서 부피를 줄였거든. 형상기억합금은 열을 가하면 원래대로 돌아오는 성질이 있기 때문에 달에 도착한 다음 태양열을 받아 활짝 펴졌지.

고무 튜브 없는 자전거

형상기억합금으로 바퀴를 만들면 금속이지만 탄성을 가질 수 있어. 그래서 튜브가 없는 자전거도 만들 수 있지. 또 원래대로 돌아오는 회복력이 강철보다 30배나 강하고 탄성까지 있어서 엉덩이가 아플까 봐 걱정은 안 해도 돼.

만약 타이어를 형상기억합금으로 바꿀 수 있으면 환경에도 좋을 거야. 영국의 자동차 배출 가스 시험 기관인 에미션 애널리틱스(Emissions Analytics)에서 발표한 보고에 따르면, 도시에서 발생하는 오염 물질 중 자동차가 달릴 때 타이어가 마모되면서 배출되는 오염이 자동차의 배기가스보다 무려 2,000배나 많다고 하니까.

형상기억합금에 주로 사용되는 금속은 니켈과 타이타늄(Ti)을 섞은 니티놀인데, 가격이 엄청나게 비싸서 당장 상용화하기에는 어려운 게 문제이긴 해. 하지만 앞으로 형상기억합금의 활용 분야는 무궁무진할 것으로 기대되고 있어. 자동차 차체도 형상기억합금으로 만들면 사고가 나서 찌그러져도 저절로 펴지게 할 수 있을 테니까.

형상기억합금은 치과에서도 사용해. 자유자재로 구부러지기 때문에 시술하기에도 좋고, 다시 제 모습으로 돌아와 자리를 잘 잡으니까 말이야. 뼈를 고정시키는 수술을 할 때도 낮은 온도에서 변형시켜 뼈를 고정한 다음, 체온으로 합금이 제자리를 안전하게 찾아갈 수 있게 해. 이 밖에 온수 밸브에도 사용할 수 있는데, 일정 온도가 되면 형상기억합금이 늘어나서 물이 흐르지 않도록 막아 주어 물의 온도가 일정하게 유지돼.

이탈리아에서는 니티놀과 나일론을 합성해 셔츠를 만들기도 했어. 기온이 올라갈수록 셔츠의 소매 길이가 점점 짧아지는 거야. 더운 낮에는 반소매, 서늘한 밤에는 긴소매가 되는 거지. 환절기에 딱 좋겠지? 다림질을 안 해도 되는 건 물론이겠고.

니티놀 말고 저렴한 철이나 구리를 주재료로 하는 형상기억합금도 계속 연구 중이니, 앞으로 더 다양한 형상기억합금을 만나게 될 거야.

새로운 에너지원을 만들 수소저장합금

수소 자동차는 배기가스를 배출하지 않고, 산소와 결합해서 만들어진 물이 배출된다는 점에서 더할 나위 없이 좋은 연료야. 그래서 석유를 대체할 차세대 청정 연료라고 부르기도 해.

그런데 수소를 활용하는 데는 어려움이 있어. 너무 가벼워서 저장하는 게 쉽지 않기 때문이야. 수소를 압축해서 저장 용기에 넣어 사용하는데, 자동차에 맞는 작고 가벼운 용기에 고압의 수소를 안전하게 저장해야 한다는 과제가 있어. 달리다가 폭발하면 큰일이니까.

수소를 액체로 바꿔 저장하는 방법도 있어. 수소를 액체로 만들기 위해서는 영하 253℃까지 냉각시켜야 해. 그러려면 많은 에너지가 또 필요하겠지? 값비싼 초저온 저장 용기도 필요하고 말이야.

그래서 과학자들이 개발 중인 것이 '수소저장합금'이야. 금속 안에 수소를 저장하는 거지. 딱딱하고 속이 꽉 찬 금속 안에 수소를 어떻게 저장하냐고? 우리 눈에는 틈이 없어 보이지만, 알고 보면 금속 원자들 사이에 빈 공간이 있어. 거기에 수소를 넣는 거야.

수소저장합금에 사용되는 금속은 마그네슘, 타이타늄, 아연 등이야. 금속을 이용하면 같은 부피에 더 많은 수소를 저장할 수 있고, 안전하고 순도 높은 수소를 저장하는 것도 가능해져. 고체에 저장하면 따로 기체를 넣을 때 필요한 고압의 저장 용기나, 액체를 저장할 때 필요한 단열 용기가 필요하지 않고, 오랫동안 저장할 수도 있거든.

하지만 금속이기 때문에 저장 용기의 무게가 너무 무거워진다는 문제가 있지. 그래서 지금은 잠수함처럼 연료가 무거워도 괜찮은 곳에 사용하고 있지만, 무게를 줄일 수 있는 새로운 합금의 개발이 필요해. 이 기술을 쉽게 사용할 수 있다면, 환경오염을 일으키는 화석 연료를 대체하는 중요한 에너지원이 될 거야.

또 스스로 소음을 흡수하는 '소음저감합금'도 있고, 환경에 따라 색이 변하는 합금도 있어. 마그네슘이나 칼슘(Ca)을 주재료로 만들어 몸속에서 분해되어 사라지는 합금도 있지.

우리 모두는 철든 사람

'철이 들었다.'는 말을 들어 본 적 있지? 여기서 '철'은 사리를 분별하는 힘을 의미해. 다시 말해 뭘 해야 하고 뭘 하지 말아야 하는지 알고, 행동이 의젓해지면 철들었다고 하지.

이런 철 말고 진짜 철(Fe)이 우리 몸에 들어 있다는 것도 알고 있니? 어른을 기준으로 남자는 3.8g, 여자는 2.3g 정도 가지고 있어. 몸에 있는 철을 합하면 작은 못 하나 정도 되는 셈이지.

영화 〈엑스맨 2〉에서는 철을 다루는 인물이 교도관 몸속에 과하게 주입했던 철을 빼내 총알을 만들어 감옥을 탈출하는 장면이 나와. 영화에서처럼 우리 몸의 철이 쏙 빠져 버리면 어떤 일이 일어날까?

우리 몸속의 철은 60%가 혈액에 들어 있어. 더 정확히 말하면 적혈구 안에 있는 헤모글로빈 속에 있지. 헤모글로빈은 산소와 잘 결합하는 철의 성질을 이용해 혈관을 타고 우리 몸 구석구석으로 돌아다니며 산소를 전달해. 우리 피가 붉은색인 것도 피 속에 들어 있는 철 때문이야. 철이 산소와 결합해서 붉은색을 띠는 거지. 다시 말하면 녹이 슨 철이 우리 몸속에 있다고도 할 수 있어. 헤모글로빈 속 철이 부족해지면 적혈구가 줄고 혈액이 산소를 제대로 공급하지 못해. 이게 흔히 알려진 '빈혈'이야.

철은 혈액 말고도 근육이나 간장, 비장 등에도 있어. 사춘기는 근육의 양이 늘어나는 시기이기 때문에 철이 들어 있는 음식을 골고루 잘 먹어야 해. 철이 몸에서 빠져나가면 당연히 생명이 멈추겠지. 그뿐만 아니라 철이 부족하면 세포에 산소가 제대로 공급이 되지 않아 어지럽고, 근육에 전달되는 산소 양이 줄어들어 쉽게 피로감을 느끼게 돼. 철들어 가는 시기에는 몸속의 철도 부족하지 않게 잘 관리해야겠지?

헤모글로빈 속의 철

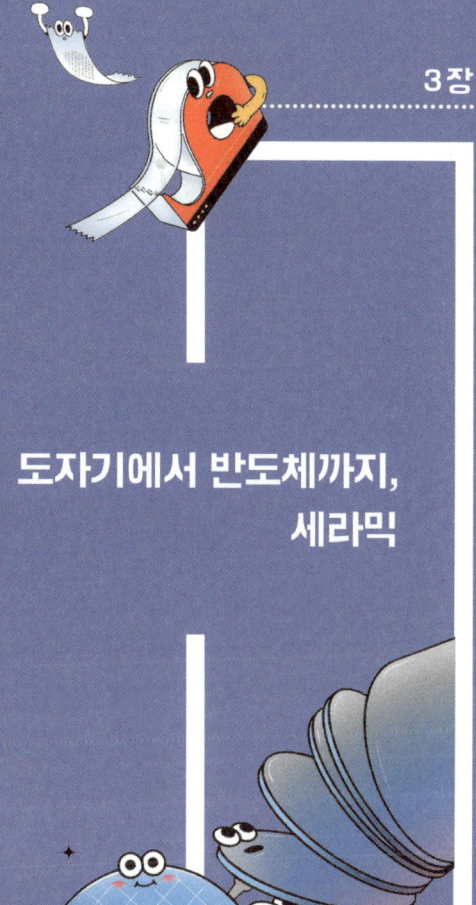

3장

도자기에서 반도체까지, 세라믹

불에 구운 진흙

세라믹은 하나의 이미지를 떠올리기 힘들 정도로 다양한 모습으로 존재해. 흙으로 구운 토기부터, 인공뼈와 반도체는 물론 우주왕복선을 보호하는 타일까지 모두 세라믹이지. 용도는 물론이고 색이나 질감, 모양도 매우 달라.

그런데도 같은 소재인 게 맞냐고? 물론이야. 세라믹은 쉽게 말하면 흙을 높은 열로 구운 거야. 인류의 조상은 우연히 진흙을 불에 넣었다가 돌처럼 아주 딱딱해지는 걸 발견했어. 그 후로 진흙을 원하는 모양으로 빚은 다음 불에 구워 여러 가지 물건을 만들게 된 거지. 이것이 최초의 세라믹이었어. 세라믹이라는 말은 고대 그리스어 '케라모스(keramos)'에서 유래했는데, '불에 구운 것' 또는 '도공이 다루는 흙'이라는 뜻이야.

인류는 흙으로 그릇을 만들 수 있게 되면서 음식을 보관할 수 있었을 뿐만 아니라 불로 음식을 조리해 먹게 되었어. 이것은 인류가 안전한 먹을거리를 확보함으로써 더욱 번성하게 되는 매우 중요한 역사적 사건이었어.

흙을 구워서 탄생한 세라믹이 어떻게 반도체도 되고 인공뼈도 되는지 신기하지? 세라믹은 쓰임새가 다양하기 때문에 금속, 플라스틱과 더불어 3대 소재라고 불리기도 해. 이 때문에 철기 시대가 곧 끝나고 세라믹 시대가 될 거라고 말하는 학자들도 있을 정도야.

먼저 우리 주변에 있는 세라믹부터 찾아보자. 부엌에서 자주 사용하는 밥그릇이나 국그릇, 접시는 아마 세라믹 소재를 쓰는 경우가 많을 거야. 일반적으로 도자기 그릇이라고 하는 것은 모두 세라믹이야.

부엌 벽에 붙은 타일도 세라믹이지. 전기레인지의 윗부분도 세라믹이야. 세라믹 판에 열선을 둥글게 넣어서 만들거든. 가스레인지에도 세라믹이 있어. 가스레인지의 손잡이를 돌리면 타다닥 하면서 불이 붙잖아. 이 안에 '세라믹 압전 소자'라는 게 있기 때문이야. 신기하지? 자세한 설명은 뒤에서 할게. 또 세라믹으로 만든 식칼도 있고, 식탁이나 싱크대 상판으로도 많이 쓰이지.

욕실이야말로 세라믹 천지야. 벽과 바닥에 있는 타일들, 세면대와 변기, 욕조도 대부분 세라믹으로 많이 만들어. 거울도 세라믹이야. 그건 유리 아니냐고? 유리도 넓게 보면 세라믹에 속하거든. 휴대 전화 액정 화면, 반도체 칩, 인공 치아에도 세라믹이 쓰이지.

그런데 이것 말고 더 엄청난 양의 세라믹이 집 안에 있어. 뭘까? 힌

트는 건축 재료야. 답은 시멘트. 시멘트도 세라믹이거든.

세라믹이 뭐길래?

이쯤 되면 세라믹이 아닌 게 있을까 궁금해지지. 이것들이 정말 다 흙을 구워서 만든 거라고? 자, 서두르지 말고 찬찬히 하나씩 파헤쳐 보자고. 흙을 구워서 만든다는 걸 조금 더 과학적으로 정의하면 '비금속 무기물'에 열을 가해 만들어진 재료를 말해. 비금속은 말 그대로 금속이 아닌 것이지. 합금에서 본 철과 구리, 알루미늄, 타이타늄, 은(Ag), 코발트(Co) 같은 것은 금속에 속하고, 원소 주기율표 왼쪽 영역에 있어. 비금속은 주기율표에서 오른쪽에 있는 산소, 질소, 황(S), 인(P) 같은 원소들이야.

이제 '무기물'이라는 단어를 이해하면 돼. 무기물은 유기물을 먼저 알고 나면 금방 이해될 거야. 유기물은 쉽게 말해 생명체를 구성하는 화합물이라고 할 수 있어. 유기물에는 반드시 탄소가 포함되어 있고 주로 탄소, 수소, 산소가 만나서 만들어져. 무기물은 유기물이 아닌 것, 즉 생명력이 없는 화합물이야.

그러니까 세라믹이 비금속 무기물이라는 건 '금속이 아니면서 생명력이 없는 화합물'을 말하는 거야. 금속이 아니면서 생명력이 없는 게 바로 흙이나 암석이잖아. 쉬운 얘기를 굳이 비금속 무기물이라는 어려운 용어로 설명을 해야 했냐고? 이렇게 정확한 용어를 알아 두면 앞으로 과학 공부가 훨씬 더 쉬워질 거야.

그렇다면 세라믹은 어떤 특징이 있을까? 흙을 구워서 만든 도자기를 생각해 봐. 가장 먼저 딱딱하다는 게 떠오르지? 딱딱하다는 건 단단하기도 하지만 잘 깨진다는 걸 의미하기도 해. 순금인지 확인하기 위해 깨물어 볼 정도로 금은 돌에 비

욕실에 많이 사용되는 세라믹

해서는 무르잖아. 하지만 세라믹은 매우 딱딱해. 그리고 불에 잘 타지 않아. 또 철처럼 녹이 슬거나 변하지 않는 것도 특징이지.

이뿐만이 아니야. 세라믹은 쓰임에 따라 전기가 통하게 만들 수도 있고, 살아 있는 인체의 조직에 잘 스며들기도 해.

세라믹은 크게 '전통 세라믹'과 '첨단 세라믹'으로 나누어져. 전통 세라믹은 '세라믹'이라고 하면 먼저 떠오르는 특징인, 단단하고, 불에 잘 타지 않고, 잘 변하지 않는 성질을 그대로 가진 것들이야. 도자기, 시멘트, 세면대, 그릇, 타일, 유리, 내화물 같은 것이 전통 세라믹이지. 내화물은 쉽게 말해 뜨거운 열을 견디는 용광로를 만드는 재료야. 펄펄 끓는 철도 담을 수 있다니 세라믹은 정말 대단하지?

세라믹은 이렇게 뜨거운 열에 견딜 수 있기 때문에 우주왕복선에도 사용돼. 우주왕복선은 지구로 돌아올 때 대기권을 통과하면서 마찰

을 일으켜 1,700℃까지 뜨거워지게 돼. 그래서 약 3만 장의 세라믹으로 만든 타일을 촘촘히 붙여 열로부터 우주왕복선을 보호하는 거야.

  만약 이 중에 딱 한 장이 떨어지면 어떻게 될까? 무서운 일이 벌어지지. 타일이 떨어진 부분이 뜨거워질 거고, 그 영향으로 다른 타일도 떨어져 나가 우주왕복선은 불덩어리가 되고 말 거야. 우주왕복선뿐만 아니라 엄청난 속도로 하늘을 나는 극초음속기도 세라믹으로 감싸져 있어. 이제 세라믹의 파워가 얼마나 막강한지 알겠지?

인체에도 사용되는 첨단 세라믹

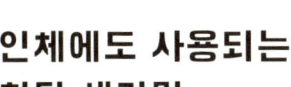

그렇다면 세라믹이 어떻게 전자 제품에도 쓰이고, 인공 장기에도 사용되는 걸까?

첨단 세라믹은 전통 세라믹보다 제작 과정이 훨씬 복잡해. 전통 세라믹 원료를 훨씬 더 정제하고, 여기에 새로운 원료를 추가하기도 하는 등 많은 첨단 기술을 사용해서 만들거든. 그래서 높은 온도와 낮은 온도를 잘 견디고 인체에까지 사용할 수 있는 거야.

세라믹은 무기물로 만든 물질이지만 우리 몸과 잘 맞아. 세라믹의 성분을 살펴보면 우리 몸이 갖고 있는 원소인 칼슘, 인, 포타슘(칼륨), 규소 등으로 이루어져 있거든. 이 때문에 우리 몸에 들어왔을 때 거부 반응을 일으키지 않고 잘 적응하는 거야. 또한 우리 몸에 충격이 가해져도 오랫동안 잘 버틸 수 있을 만큼 단단하기도 해. 인공 관절을 금속

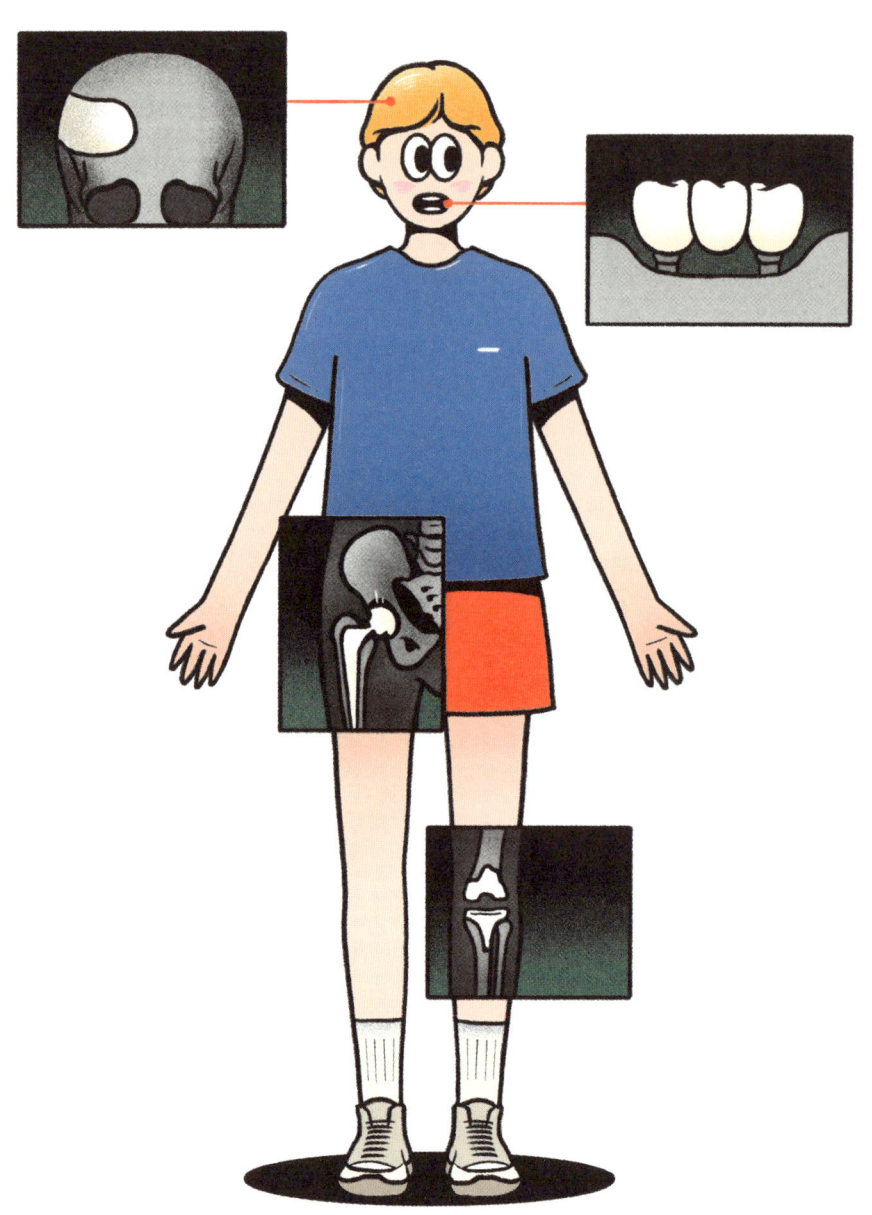

이 아닌 세라믹으로 만들면 금속처럼 부식되는 일이 없어 더 안전하고 뼈에 직접 결합되어서 한 덩어리가 되기도 해.

우리 몸에도 세라믹이 들어 있을지 몰라. 혹시 이가 썩어 때우거나 씌운 적 있어? 금이나 다른 소재를 사용했을 수도 있지만 치아 색깔과 비슷하다면 세라믹일 거야.

인공 치아에 사용하는 세라믹은 자연 치아와 비슷하게 만들기 쉽고, 열전도율도 비슷해서 뜨겁거나 찬 음식을 먹었을 때 차이를 느끼지 않게 해 주거든. 하지만 금으로 인공 치아를 하면 열전도율이 높아서 뜨거운 음식을 먹을 때 불편할 수 있어. 특히 최근에는 인공 치아를 3D 프린터로 만드는 기술이 개발되어 치과 치료에 사용되기 시작했는데, 여기에도 세라믹이 많이 사용되고 있어.

전기를 만들어 내는 세라믹, 세라믹 압전 소자

앞에서 가스레인지에 불을 당겨 주는 게 세라믹 압전 소자라고 했잖아. 가스라이터의 불을 켤 때도 마찬가지고.

압전 소자는 말 그대로 압력을 받아서 전기를 만들어 내는 걸 말해. 압력이 없는 상태에서는 자유로운 상태로 있던 분자들이 힘을 받으면 나란히 정렬하게 되는데, 이로 인해서 양쪽에 플러스와 마이너스 전하가 생기는 거야.

세라믹 압전 소자를 어디에 활용하면 좋을까? 길에 깔면 사람들이나 차가 지나다니기만 해도 전기가 만들어질 수 있어. 실제로 브라질

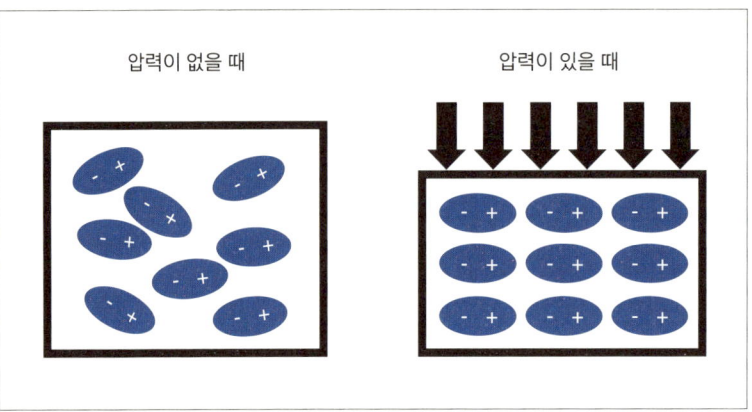

세라믹 압전 소자

의 한 빈민가에서는 압전 소자가 깔린 축구장을 만들어 여기서 생산되는 전기로 조명을 켜지. 이스라엘에서는 도로에 깔아 차가 지나갈 때마다 전기를 생산하고 있어. 우리나라 부산의 서면역에도 이 장치가 설치되어 있지.

앞으로 압전 소자 기술은 우리 생활을 편리하게 하고 지구 환경을 위해서 점점 늘어날 거야. 자동차 바퀴, 철로, 도로, 공항 활주로 등에서 더 많이 설치되어 차들이 달리면서 에너지를 생산할 수 있게 되겠지.

세라믹으로 만든 옷

스마트폰은 세라믹으로 구성되었다고 할 정도로 세라믹 없이는 만들 수 없을 정도야. 스마트폰에 들어가는 부품 700여 개 중에 590개 정도가 세라믹으로 만 들어졌거든.

세라믹은 전기가 흐르는 걸 막아 주기도 하지만, 때로는 전기가 흐르게도 할 수 있어. 거기다 열에 강하고 튼튼해서 전자 기기를 더 작게 만드는 데 아주 유용하지.

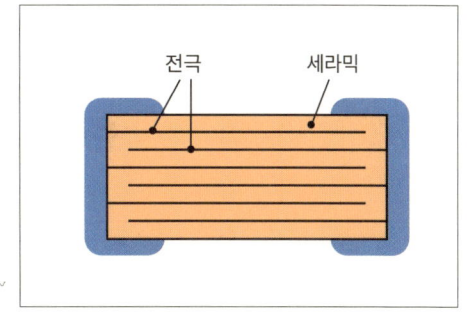

적층 세라믹 콘덴서

스마트폰 앞면의 터치스크린도 세라믹 소재로 코팅되어 있고, 또 잘 깨지지 않는 강화 유리도 세라믹이지. 전류를 필요한 만큼 저장했다가 공급해 주는 적층 세라믹 콘덴서(MLCC)라는 부품이 있는데 이것도 전극과 세라믹을 쌓아서 만든 거야. 세라믹은 스마트폰뿐 아니라 텔레비전, 자동차의 전자 제품, 의료 기기 등 다양하게 활용되고 있어.

세라믹으로 섬유도 만들 수 있어. 얇으면서 보온 효과가 뛰어난 발열 의류 알지? 발열 의류를 만드는 방법은 여러 가지가 있는데, 세라믹을 활용하는 경우도 있어. 우리 몸에서는 원적외선을 내보내는데, 같은 파장의 원적외선을 만나면 발열 효과가 커져. 그래서 원적외선을 발산하는 세라믹을 섬유에 첨가해 발열 의류를 만드는 거야.

세라믹 섬유는 집을 지을 때 열을 막아 주는 단열재, 소방관처럼 뜨거운 열에 노출되는 사람을 보호하는 방열복에도 사용돼. 앞으로는 가방, 이불 등에도 활용될 거야. 이 밖에도 태양 전지, 전기 자동차, 이차 전지 등 안 쓰이는 곳이 없을 정도로 두루 사용되고 있지.

유리는 세라믹일까?

유리도 넓은 의미에서는 세라믹이라고 할 수 있어. 이 말은 세라믹이 아닐 수도 있다는 것이지. 유리는 고체인지 액체인지 논란이 되기도 하는데, 세라믹인지 아닌지를 놓고서도 다른 의견이 있는 건 사실이야.

세라믹의 정의에 따르면 유리는 세라믹이 맞아. 세라믹의 정의처럼 비금속이고 무기물이며 높은 온도에서 구워서 만들고 성질도 딱딱하고 잘 부러지니까. 그런데 왜 세라믹이 아니라는 논란이 계속되는 걸까?

일반적으로 물질은 고체 상태일 때는 입자들이 규칙적으로 배열되어 있어. 고체를 녹여서 액체 상태로 만들면 배열이 깨져서 자유로운 형태를 띠게 되지. 이렇게 녹인 액체를 다시 굳혀서 고체로 만들면 입자들은 다시 규칙적으로 배열하게 돼. 물을 예로 들면 액체일 때는 입자들이 자유롭게 돌아다니지만, 얼음인 고체가 되면 일정한 구조를 갖게 되는 거야.

그런데 유리는 달라. 높은 온도로 녹인 다음 식혀서 딱딱하게 만들어도 흩어진 입자들이 일정한 구조로 변하지 않지. 여전히 액체 상태처럼 무질서한 상태로 존재해. 다시 말해서 상태는 고체인데, 분자 구조는 액체의 모양을 하고 있는 거야. 이 때문에 유리가 액체냐 고체냐에 대한 논란이 생겨났고, 그래서 유리를 '과냉각된 액체'라고 하기도 해.

유리가 세라믹이 아니라는 주장도 이러한 독특한 구조 때문이

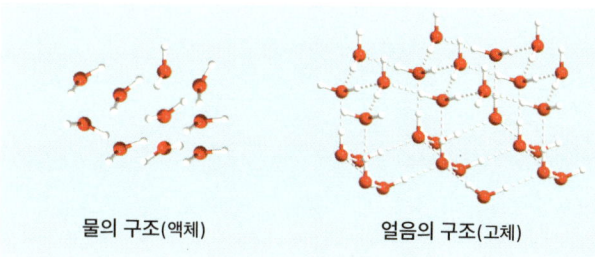

물의 구조(액체) 얼음의 구조(고체)

야. 예를 들어 유리는 이렇게 일정한 구조를 갖고 있지 않기 때문에 결합력이 약해 잘 깨지는 것이고 다른 세라믹과 구조가 달라서 투명한 성질을 띠는 것이기도 해.

그래서 유리와 세라믹의 장점을 살린 '유리 세라믹'을 만들기도 했어. 유리 세라믹은 일반 유리와 달리 일정한 구조를 가지게 만든 거야. 이렇게 하면 투명하면서도 강도가 강해서 잘 깨지지 않지.

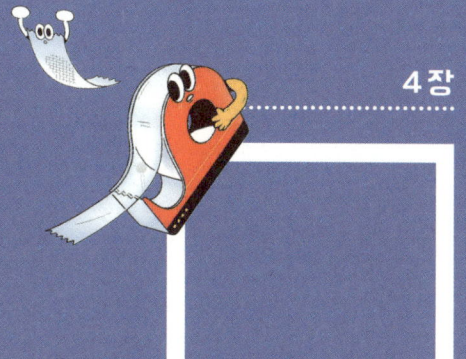

4장

거의 모든 재료를 대신할 수 있는 소재, 플라스틱

사람이 만들어 낸 인공 물질

발명에 관심이 많았던 세종대왕이 지금 우리가 사는 세상에 온다면 어떤 걸 가장 신기해할까? 높은 건물들, 씽씽 달리는 자동차, 전 세계 어느 곳에 있든 한 자리에 있는 것처럼 소통할 수 있는 컴퓨터와 손으로 들고 다니는 스마트폰을 보면 깜짝 놀라겠지.

그런데 우리가 사용하는 이런 물건을 만든 재료 중 가장 놀랄 만한 것은 뭘까? 철 같은 금속이나 유리, 도자기, 종이, 나무 같은 재료는 세종대왕 시절에도 있었을 테니 분명 플라스틱일 거야. 가볍고, 던져도 안 깨지고, 온갖 물건에 다 사용되고 있는 플라스틱. 플라스틱으로는 못 만드는 게 없을 정도야. 그동안 나무로 만들던 것도, 종이로 만들던 것도, 유리나 도자기로 만들던 것은 물론 금속으로 만들던 것들까지 모두 만들 수 있으니까.

플라스틱은 장점이 참 많아. 가볍지, 그러면서 단단하지, 다양한 색깔을 낼 수 있지, 화학 약품에도 잘 견디지, 투명한 제품도 만들 수 있지, 어떤 모양이든 다 만들어 낼 수 있지, 열에도 강하지, 저렴하지, 정말 팔방미인이 아닐 수 없어.

그래서 사람들은 바구니나 빗, 그릇 같은 물건을 예전보다 훨씬 싼 값에 구할 수 있게 되었지. 이뿐만이 아니야. 초기의 플라스틱은 환경을 보호하는 역할도 했어. 나무로 물건을 만드느라 숲이 사라지는 걸 막아 주었거든.

그런데 플라스틱은 자연에는 존재하지 않는 소재야. 인류는 철이나 세라믹처럼 자연에 있는 소재를 가지고 여기에 다양한 재료를 더하거나 제조하는 방법을 달리하면서 더 새로운 소재를 만들어 왔어. 그런데 플라스틱은 자연에 없었던 그야말로 인공 물질인 거지. 그 인공 물질이 나무나 유리, 금속, 도자기, 가죽 등으로 만들던 거의 모든 것들의 역할을 대신하면서 지금은 지구를 다 덮어 버릴 정도가 된 거야.

지금 이 글을 쓰고 있는 순간에도 플라스틱 의자에 앉아 플라스틱으로 만든 키보드, 플라스틱 마우스, 플라스틱 볼펜, 플라스틱으로 둘러싸인 컴퓨터를 사용하고 있어. 조금 전에는 플라스틱 용기에 담긴 비누로 손을 씻었고, 플라스틱 칫솔로 이를 닦았으며, 플라스틱 컵에 물을 담아 입을 헹궜지. 플라스틱이 없었다면 의자는 나무로 만들었을 거고, 양치컵은 금속이나 유리로 만들었을 거야.

자연에도 플라스틱과 비슷한 게 있긴 해. 소나무 껍질을 만질 때 끈적끈적한 게 손에 묻는 경험을 한 적이 있을 거야. 그게 굳으면 딱딱해지는데 물에 녹지는 않아. 영화 〈쥬라기 공원〉에서 공룡의 피를 가진 모기가 들어 있던 '호박'이 바로 소나무에서 나온 끈적한 수액이 굳어서 생긴 거야. 이것을 '천연수지'라고 해. 천연고무도 고무나무에서 나오는 수액을 굳힌 천연수지야.

플라스틱을 '합성수지'라고도 하는데, 인공적으로 물질을 합성해서 얻은 '수지'라는 뜻이야. 천연수지나 합성수지나 모두 열이나 압력을 가하면 모양을 변형시킬 수 있다는 공통점이 있지. 플라스틱이란 단어는 '플라스티코스(plastikos)'라는 그리스어에서 온 건데 '원하는 대로 모양을 만들 수 있다'는 의미를 갖고 있어.

플라스틱의 원료는 석유와 석탄

플라스틱은 자연에 없는 재료이긴 하지만 엄밀하게 말하면 자연에서 온 재료라고 할 수 있어. 왜냐하면 플라스틱의 재료가 석유와 석탄이거든. 석유와 석탄은 자연에 존재하잖아. 그런데 왜 플라스틱을 인공 재료라고 하는 걸까?

플라스틱은 주로 석유로 만드는데, 석유의 원료인 '원유'를 이용한다는 게 더 정확한 말이야. 원유는 뽑아낸 후 사용하기 위해서 분별 증류를 해. 분별 증류란 끓는점의 차이에 따라 물질을 분류해 내는 거지. 원유를 끓이면 가장 먼저 추출되는 것이 '석유 가스'고, 이것을 운반하기 좋게 액체로 만든 게 액화 석유 가스(LPG)야. 자동차의 연료로도 쓰고, 가정이나 식당에서 쓰는 프로판가스나 부탄가스로도 사용해.

원유를 끓여서 추출하는 두 번째 물질은 '나프타'인데, 여기에서 크게 두 가지 물질을 얻을 수 있어. 하나는 자동차 연료로 쓰는 휘발유고, 또 하나가 바로 플라스틱이야.

플라스틱에서 가장 중요한 원소는 탄소와 수소야. 원소 주기율표 두 번째 줄 네 번째 칸에 탄소가 있지? 수소는 맨 꼭대기에 있고. 탄소와 수소가 모든 플라스틱을 이루는 기본 원소라고 생각하면 돼.

탄소는 다른 원소와 결합할 수 있는 팔을 4개 가지고 있어. 팔이 4개 달린 로봇을 생각하면 돼. 원유에서 추출한 '에틸렌'이라는 물질을 예로 들어 볼게. 아래 그림에서 탄소 2개가 4개의 수소와 결합해 있는 게 보이지? 팔 2개로는 탄소끼리 결합하고 남은 두 팔로 수소와 결합한 거야.

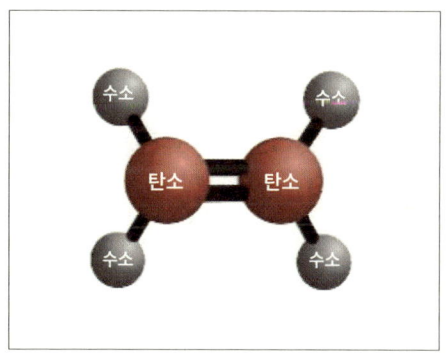

플라스틱을 인공적으로 만든다는 건 우리가 살펴본 에틸렌을 여러 개 연결하는 거야. 다음 그림처럼 말이야. 그런데 좀 이상하지? 손을 잡아야 연결이 되는데, 에틸렌끼리는 손을 안 잡고 있잖아. 이게 핵심

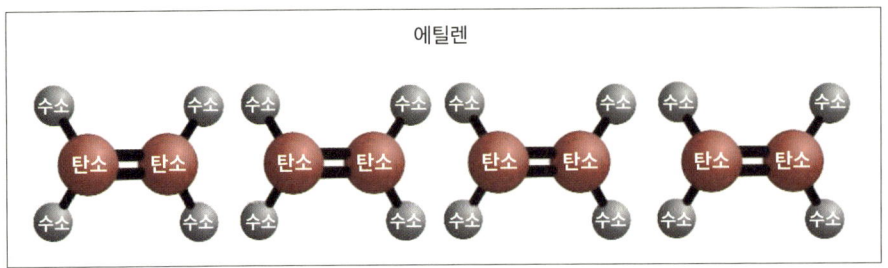

이야. 에틸렌이 탄소끼리 잡고 있던 두 손 중 하나의 방향을 바꿔 다른 탄소와 손을 잡는 거야. 아래처럼 말이야. 플라스틱을 인공적으로 만든 부분이 바로 이거야. 기술적으로 에틸렌의 구조를 바꿔서 이렇게 길게 이어 붙인 것이 플라스틱이야. 이제 플라스틱을 왜 인공적으로 합성한 물질이라고 하는지 이해가 됐지?

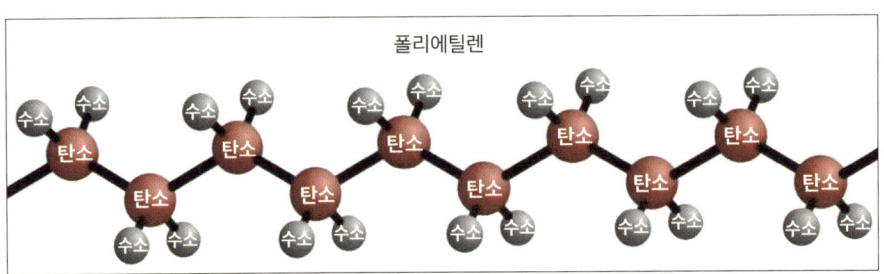

그런데 이걸 얼마나 길게 연결할까? 플라스틱을 흔히 '고분자 물질'이라고 해. 고분자란 말 그대로 분자가 크다는 뜻이야. 플라스틱 재료에는 PET, PS, PP, PVC 표시처럼 P자가 들어 있는데, P가 폴리(Polly), 즉 많다는 걸 뜻해. 이런 연결이 수천, 수만, 수십만 개, 심지

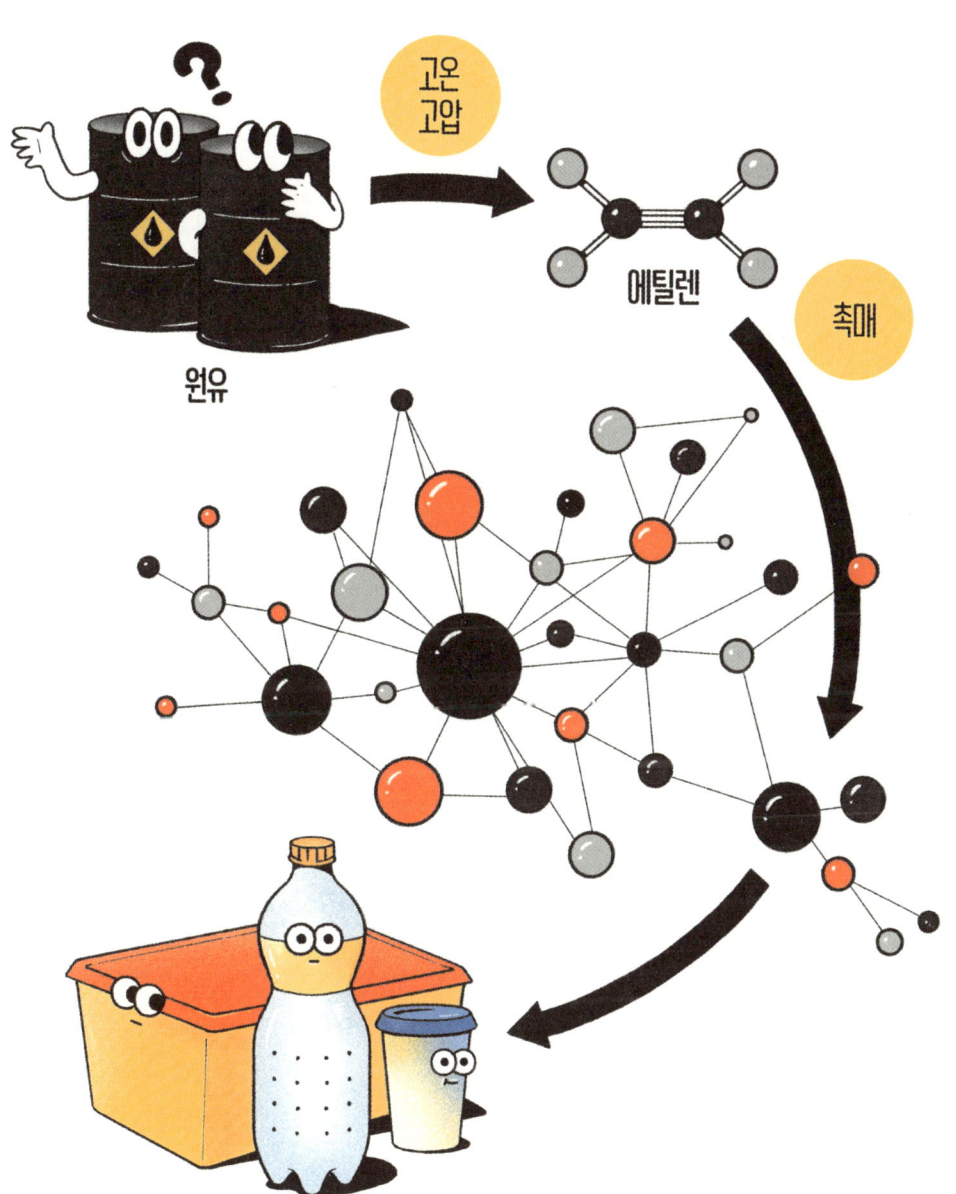

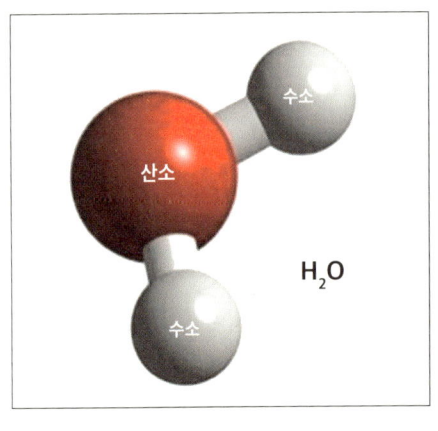

물 분자

어 수백만 개까지 이어지기도 해. 이것이 1개의 분자인 거야. 탄소는 다른 탄소와 결합하려는 성질이 매우 강한 원소거든. 과학자들이 이런 탄소의 성질을 놓치지 않고 고분자를 만들어 플라스틱을 탄생시킨 거지.

여기서 잠깐, 물 분자와 비교해 볼게. 물 분자는 수소 원자 2개, 산소 원자 1개로 이루어져 있어. 이게 다야. 단출한 물 분자에 비하면 플라스틱은 어마어마하게 거대한 분자인 거지.

플라스틱의 시작

우리가 플라스틱을 사용하기 시작한 건 160년 정도 되었어. 출발은 당구공부터였지. 1860년대 미국에는 당구가 대유행이었는데, 당구공은 코끼리의 엄니인 상아를 가지고 만들었어. 그런데 당구를 치는 사람이 너무 많아지면서 상아를 구하기가 점점 어려워지자 당구공 가격은 크게 올랐어. 그러자 당구공을 만들던 회사에서는 상아를 대체할 재료를 찾는 사람에게 1만 달러의 상금을 주겠다고 발표했어.

이 소식을 듣고 존 웨슬리 하이엇이라는 사람이 도전했어. 하이엇은 작업실을 차려 놓고 여러 물질을 합성시켜 보았는데, 녹나무에서 나오는 수액에 '질산섬유소'라는 물질을 섞었더니 단단하면서도 여러 모양으로 쉽게 만들 수 있었어. 이게 최초의 천연 플라스틱인 '셀룰로이드'야.

하이엇은 셀룰로이드로 특허를 받았지만 당구공 재료로 채택되지는 못했어. 당구공으로 쓰기에는 약하고 쉽게 깨질 뿐만 아니라 쉽게 폭발하는 단점 때문이었지. 그래도 하이엇이 만든 셀룰로이드는 빗이나 단추, 인공 치아 등을 만드는 데 아주 유용하게 쓰였어.

우리가 사용하는 플라스틱은 이로부터 40년쯤 지난 1907년, 리오 베이클랜드라는 화학자가 만들었어. 베이클랜드는 페놀과 포름알데히드라는 화학 물질을 합성해 천연 플라스틱과 비슷한 성질을 지닌 물질을 만드는 데 성공했지. 그래서 이 플라스틱의 이름도 '베이클라이트'야. 이것이 최초의 플라스틱이고, 이후 플라스틱 세상을 여는 계기가 되었지.

다양한 플라스틱의
기능과 종류

만약 불 가까이 플라스틱 막대를 가져간다면 녹을 거야. 하지만 불에 닿아도 잘 견디는 플라스틱도 있어. 플라스틱은 종류가 정말 다양하거든.

플라스틱 종류는 수백 가지나 되는데, 크게 두 가지로 나눌 수 있어. '열가소성 수지'와 '열경화성 수지'야. 열가소성 수지는 열을 가하면 물렁해져서 형태를 바꿀 수 있는 플라스틱이고, 열경화성 수지는 열을 가하면 딱딱해지는 플라스틱이야.

우리가 일반적으로 사용하는 페트병 같은 플라스틱은 불에 넣으면 금방 녹아내리잖아. 이건 열가소성 수지야.

열경화성 수지는 냄비 손잡이처럼 불에 닿을 수 있는 물건에 많이 사용돼. 우리가 식판이나 가벼운 그릇으로도 많이 사용하는 멜라민이라는 소재를 생각해 봐. 플라스틱이라고 보기에는 도자기처럼 매끄럽고 단단한 느낌이 나지. 이것이 열경화성 플라스틱이야.

 열가소성 플라스틱은 다시 녹여서 새로운 제품을 만들 수 있지만 열경화성 플라스틱은 만드는 과정에서 화학 본드 같은 물질을 사용하기 때문에 재활용이 힘들어.

비슷해 보여도 각각 다른 플라스틱의 기능과 용도

 생수병을 잘 봐. 삼각 모양 안에 '페트'라고 적혀 있지? 플라스틱의 종류가 페트라는 거야. 페트(PET)는 '폴리에틸렌 테레프탈레이트'라는 긴 이름을 줄여서 부르는 거야. 앞에서 플라스틱에는 다 폴리가 들어간다고 했던 것 기억하지? 페트도 폴리로 시작하는 이름이야. 우리가 잘 알듯이 페트는 생수나 음료수병으로 많이 사용하는데, 가볍고 독성 물질이 없어 안전하고 플라스틱 중에서 가장 재활용이 잘되는 기특한 재료이기도 해. 그래서 투명한 페트병만 따로 분리배출하도록 하는 거야. 다만 페트는 여러 번 사용할 경우 박테리아가 번식하기 쉬워. 그래서 빈 병이 아깝더라도 잘 버려서 새로운 페트로 태어나도록 하는 게 좋아.

 페트 아래에 '라벨: PP'라고 적힌 건, 상

생수병에 쓰인 플라스틱의 종류

품명이 적힌 비닐의 재질은 페트가 아닌 PP(폴리 프로필렌)라는 플라스틱으로 만들었다는 거야. 배달 음식을 시킬 때 오는 용기를 보면 아마도 PP가 많을 거야. 높은 온도에서도 환경 호르몬을 배출하지 않고 잘 변형되지 않아서 안전하다고 알려져 있어. 그런데 PP는 만드는 과정에서 유해 물질이 많이 발생한다는 게 단점이야.

PP는 150℃ 정도의 열에도 견디고 전자레인지에도 사용할 수 있어. 그래서 지폐를 만들 때 사용하기도 해. 우리가 흔히 사용하는 플라스틱 중에서 가장 가벼워 빨대도 만들고, 일회용 마스크도 만들지.

뚜껑은 'HDPE'라고 적혀 있어. 이 재료는 높은 온도에도 잘 견디고 화학 성분도 거의 배출하지 않는 플라스틱이야. 장난감이나 우유병 같은 걸 보면 쉽게 찾을 수 있을 거야.

이렇게 간단한 생수병 하나에도 다양한 종류의 플라스틱이 사용돼. 그런데 생수병 만드는 데 사용했지만 표시되지 않은 플라스틱이 한 가지 더 있어. 라벨을 붙이는 데 사용하는 접착제도 '아크릴'이라는 플라스틱 물질이거든. 그래서 요즘은 플라스틱 사용을 줄이고, 재활용 처리에 편하도록 라벨을 붙이지 않은 생수병도 등장했지.

생수병 뚜껑에서 사용한 HDPE와 영문자 한 글자만 다른 'LDPE'라는 플라스틱도 있는데, HDPE와 사촌지간이야. 둘 다 폴리에틸렌(PE)이라는 물질로 만든 건데, HDPE는 고밀도(High Density)이고, LDPE는 저밀도(Low Density)라는 뜻이지. 저밀도는 투명하게 만들 수 있어서 비닐하우스에 많이 사용하고, 방탄 헬멧이나 펜싱 보호복을 만들 때도 사용해.

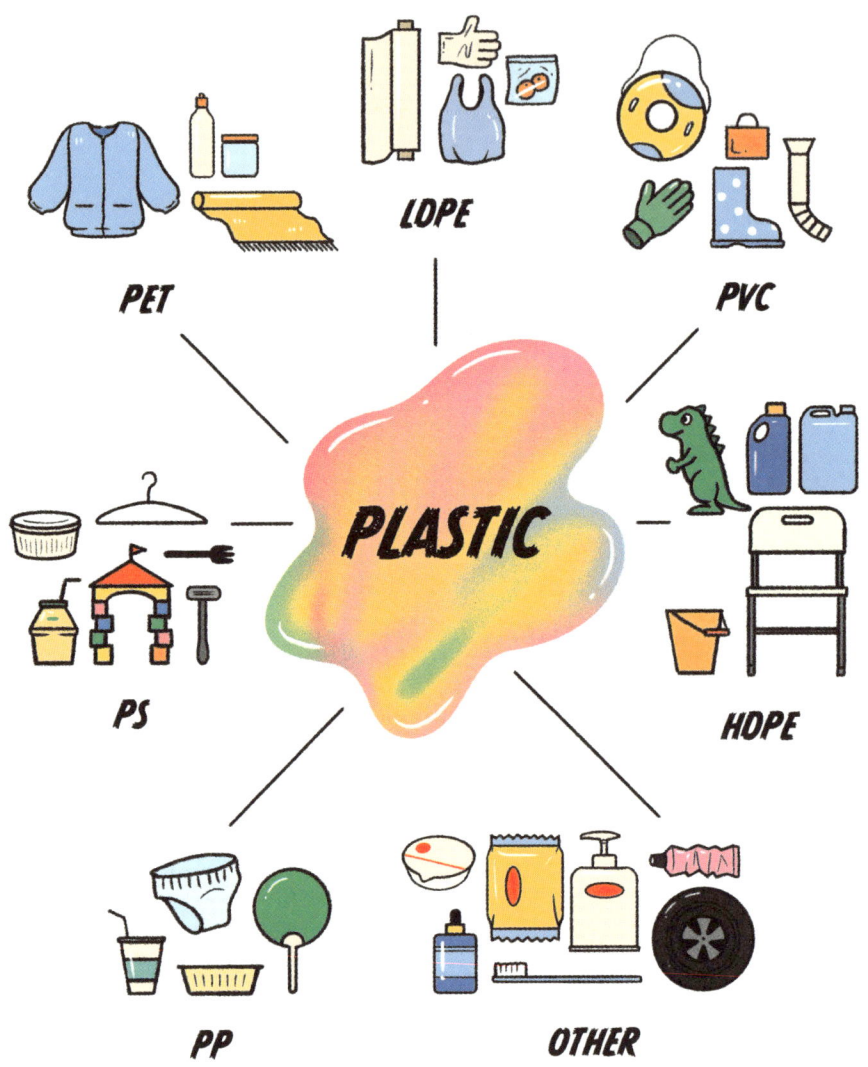

우리가 주방에서 쓰는 랩도 LDPE인데, 배달 음식이 올 때 사용하는 랩과 같아 보이지만 다른 플라스틱이야. 음식점에서 사용하는 랩은 대부분 PVC라는 플라스틱으로 만들어. PVC(폴리염화비닐)는 밀착력이 강해서 음식물이 흐르지 않게 해 주거든. 신용카드도 PVC로 만들고, 상하수도 관도 대부분 PVC로 되어 있어. 그런데 여기에는 발암 물질인 염소(Cl)가 들어가니 주의해야 해.

자, 이번에는 스티로폼 상자 바닥을 살펴보자.

PS라고 적혀 있을 거야. '폴리스티렌'인데, 스티로폼은 특히 공기를 많이 함유한 발포 폴리스티렌이야. 공기층이 있으면 열을 차단하는 거 알지? 우리가 솜이나 깃털이 든 옷을 입으면 따뜻한 이유도 바로 공기를 많이 함유하기 때문이야. 그래서 단열재로 많이 사용하고 따뜻한 음식을 포장할 때도 많이 사용해. 그런데 PS는 높은 열에 안전한 소재는 아니야.

과자 봉지는 어떨까? 비닐도 모두 플라스틱 소재라고 앞에서 얘기했잖아. 얇은 플라스틱인 거지. 여기서 주목할 건 아래에 있는 OTHER라는 글자야. 다양한 종류의 재료를 혼합해서 만들거나 많이 사용하지 않는 소재를 사용했다는 뜻이야. 그래서 발암 물질이 들어 있는 경우도 있는 반면, 친환경 소재를 사용한 경우도 있어.

그동안 플라스틱이라고 생각하지 않았던 것도 모두 플라스틱이라는 걸 알게 되었을 거야. 랩이나 과자 봉지, 멜라민뿐만 아니라 일회용 마스크나 물티슈도 플라스틱으로 만든 경우가 대부분이야. 생활 속에서 다양한 플라스틱을 사용하지만 분리배출하는 플라스틱 중에서 재

재활용 플라스틱의 종류와 특징

종류	이름	용도	특징
1 PETE	PET 페트	생수병, 음료수병	독성 물질이 거의 없어서 안전함. 재활용이 쉬움. 재사용 시 박테리아 생성 가능성 높음.
2 HDPE	HDPE 고밀도 폴리에틸렌	페트병 뚜껑, 장난감, 우유병	독성 물질이 거의 없어서 안전함. 열에 강함.
3 V	PVC 폴리염화비닐	식당 랩, 호스	상온에서는 안정적이나, 열에 약함. 태울 때 환경 호르몬 발생.
4 LDPE	LDPE 저밀도 폴리에틸렌	비닐봉지, 주방 랩, 지퍼백	HDPE보다 부드러움. 이물질 때문에 재활용하기 어려움.
5 PP	PP 폴리프로필렌	도시락, 컵, 밀폐 용기	가볍고 열에 강하고 환경 호르몬이 나오지 않음. 생산 과정에서 유해 물질 발생.
6 PS	PS 폴리스티렌	컵라면 용기, 일회용 컵 뚜껑	열을 가하면 환경 호르몬, 발암 물질 배출.
7 OTHER	OTHER 기타	물통, 과자 봉지, 용기 등	혼합 소재이거나 새로운 소재. 친환경 소재도 있고, 유해한 소재도 있음.

활용이 쉽게 되는 것은 페트, 고밀도 폴리에틸렌, 폴리프로필렌 정도야. 하지만 처리할 때 독성 물질이 나오거나 분해가 쉽지 않은 이유로 재활용이 잘 되지 않는 다른 플라스틱들의 재활용에 대해서도 연구가 진행되고 있어.

상식을 뒤집는 플라스틱들

이제부터는 우리가 가진 플라스틱에 대한 상식을 뛰어넘는 플라스틱을 소개할게. 플라스틱은 날로 놀라운 변신을 해서 앞에서 살펴본 금속이나 세라믹을 대체하고 있어.

시험에서 전기가 통하지 않는 물질을 찾을 때 답이 플라스틱인 경우가 많잖아. 전기가 통하지 않는 성질을 이용해 전선의 피복으로도 많이 쓰이지. 그런데 전기가 통하는 플라스틱이 있어. 이것을 '전도성 플라스틱'이라고 해. 앨런 히거, 앨런 맥더미드, 시라카와 히데키 등 3명의 과학자가 전도성 플라스틱을 개발해 2000년에 공동으로 노벨 화학상을 받기도 했지. 전도성 플라스틱은 전자파를 차단하는 데 많이 사용되고 있어. 전자파를 차단하려면 금속을 사용해야 하는데 금속은 무겁고 비싸거든. 우리가 사용하는 노트북, 휴대 전화, 컴퓨터, 텔레비전 케이스도 전도성 플라스틱을 사용하지. 무게가 구리의 7분의 1밖에 안 되거든.

전도성 플라스틱은 빛이나 전류의 흐름에 따라 색이 변하기도 해. 그래서 날씨에 따라 색이 변하는 스마트 창문을 만들 수 있지. 겨울에는 빛을 더 많이 들어오게 하고, 여름에는 빛을 차단할 수도 있어.

플라스틱은 주로 단열재로 사용되지만 반대로 열을 잘 전달하는 플라스틱도 개발 중이야. 컴퓨터를 오래 쓰면 열이 밖으로 못 빠져나가서 뜨거워지잖아. 열을 전달시키는 플라스틱을 쓰면 이런 현상을 막을 수 있지.

금속보다 단단한 플라스틱도 있어. '엔지니어링 플라스틱'이라고 하는데, 플라스틱의 장점과 금속의 장점을 결합한 플라스틱이라고 생각하면 돼. 옷에 달린 지퍼를 한번 살펴볼래? 금속 재질도 있고 플라스틱도 있을 거야. 손잡이는 금속이어도 레일은 플라스틱인 경우도 있을 거고. 지퍼는 수천 번 마찰해도 망가지지 않아야 하잖아. 이 플라스틱이 '폴리아세탈'이라는 건데, 금속과 견줄 만한 탄성과 내열성을 갖고 있어서 자동차, 가전제품 등에 다양하게 이용되고 있어.

엔지니어링 플라스틱보다 한 단계 더 수준 높아진 것을 '슈퍼엔지니어링 플라스틱'이라고 해. 스마트폰 배터리에 양극과 음극을 분리하는 부품이나, 자동차나 비행기의 무게를 줄이기 위해 사용하는 플라스틱, 휴대 전화 디스플레이에 쓰이는 것도 모두 슈퍼엔지니어링 플라스틱이지.

슈퍼엔지니어링 플라스틱에 속하는 '폴리이미드'는 482℃에서도 견딜 수 있어(연속 사용 시 288℃). 약품에도 안전해서 제트 엔진의 부품이나 항공기, 전기 기구 등에도 사용하고 있지.

이 밖에도 우리가 생각하지 못했지만 플라스틱인 경우도 많아. 껌에는 '폴리비닐아세테이트(PVAc)'라는 플라스틱이 사용되고 있고, 프라이팬에는 음식물이 달라붙지 않게 '테프론'이라는 플라스틱 물질을 코팅하지. 주방용품 중에 '테팔'이라는 브랜드가 있는데, 바로 테프론을 코팅했다는 뜻으로 지은 이름이야.

편리함 속에 담긴 문제들

플라스틱이 우리 인류에게 끼친 공은 참 대단해. 하지만 커다란 숙제를 가져다준 것도 잘 알고 있을 거야. 북태평양에는 세계 지도에도 없는 플라스틱 섬들이 생겨나고 있다고 해. 거대한 플라스틱 섬은 바닷물의 흐름에 따라 여기저기 떠돌아다니고 있어.

죽은 바다 동물의 배에서 플라스틱이 나왔다는 뉴스도 여러 번 들었을 거야. 멸종 위기종인 바다거북은 플라스틱을 먹이로 착각하고 삼켰다가 호흡 곤란으로 죽기도 해. 바다에 버려진 플라스틱은 시간이 지나면 미생물이 붙어서 냄새를 풍기는데, 이것을 먹이로 착각하기 때문이야.

이 모든 문제가 플라스틱을 분리배출하지 않아서일까? 영국의 왕립통계학회는 지난 2018년 '90.5'라는 자료를 발표했어. 이 숫자가 무얼

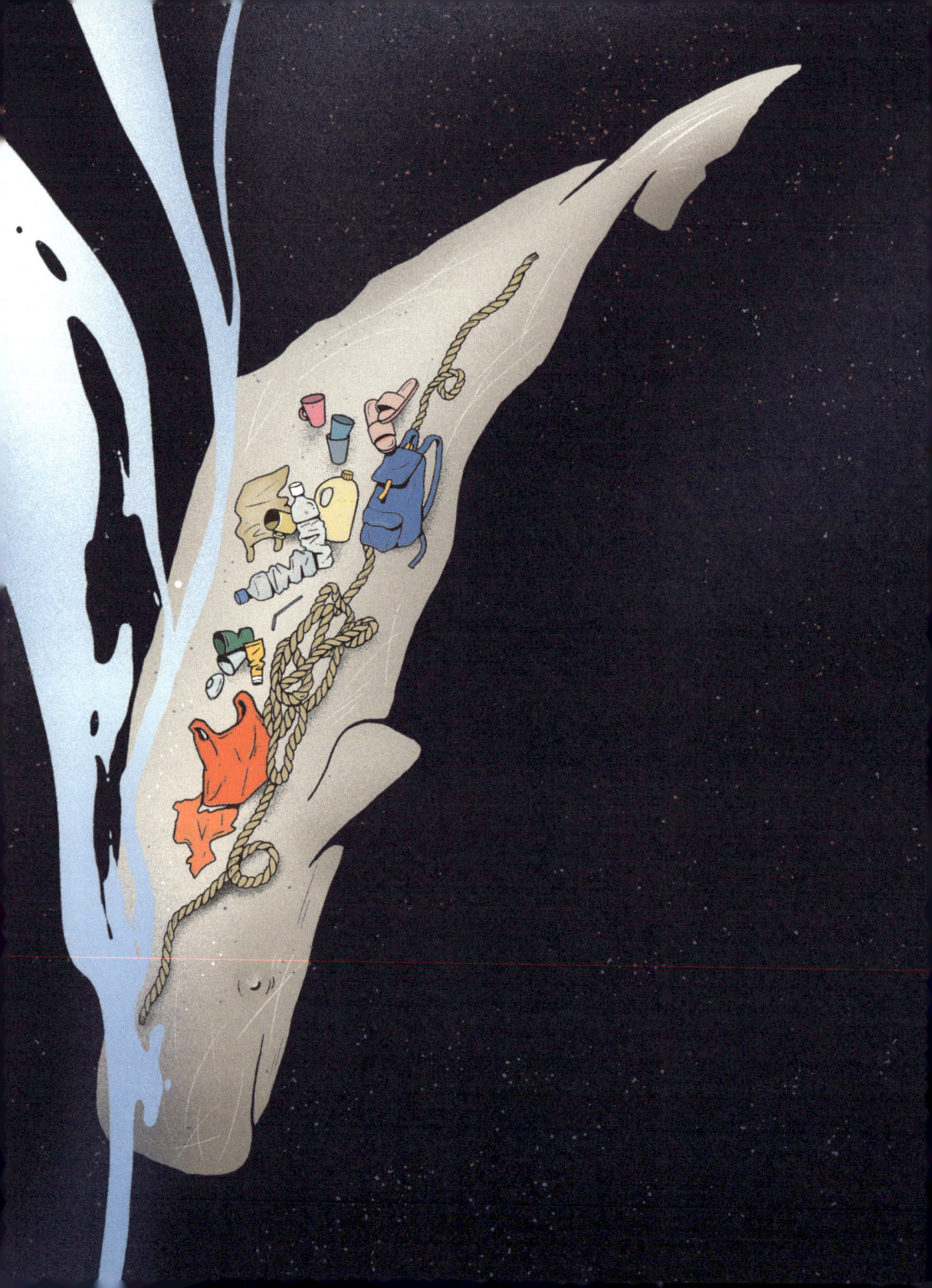

의미할까? 1950년부터 2015년까지 전 세계에서 버린 플라스틱 쓰레기 중 재활용이 되지 않은 비율을 말하는 거야. 그러니까 겨우 9.5%만이 재활용되고 있다는 거지.

더 심각한 문제는 눈에 보이지 않는 미세 플라스틱이 바다는 물론 공기와 땅속까지 스며들고 있다는 거야. 머리카락 굵기보다 작은 플라스틱이 물고기의 뇌에 축적되고 있다는 연구 결과도 있고, 머지않아 사람의 뇌에까지 들어왔다는 발표가 나오는 건 아닌지 걱정이 크지.

미래의 어느 날 우리는 미세 먼지 주의보뿐만 아니라 미세 플라스틱 주의보를 경험하게 될 수도 있어. 미세 플라스틱 주의보가 발령되면 강이나 바다에서 물놀이를 하거나 물고기를 잡는 것도 금지되겠지. 또 생선을 살 때도 미세 플라스틱 수치를 확인하게 될 거야. 제발 이런 날이 오지 않았으면 좋겠지?

그러면 어떻게 해야 플라스틱을 사용하면서도 환경에 해를 끼치지 않을 수 있을까? 지금처럼 분리수거해서 재활용하는 것도 좋은 방법이야. 분리수거한 플라스틱을 활용하는 방법은 크게 세 가지가 있어. 첫 번째 방법은 깨끗이 씻고 가공해서 새로운 플라스틱을 만드는 건데, '물질 재활용 기술'이라고 해. 두 번째 방법은 '화학적 재활용 기술'인데, 열분해나 화학 반응을 통해 플라스틱을 분해해 원료를 추출하는 거야. 이 방법은 너무 복잡해서 잘 사용되지는 않아.

마지막 방법은 '열적 재활용 기술'이라고 하는데, 태워서 연료로 사용하는 거야. 플라스틱의 원료가 석유잖아. 그래서 플라스틱을 태우면 에너지를 얻을 수 있지. 우리나라에서는 45%의 폐플라스틱을 태우고 있어. 이때 유해 물질이 나오는 게 문제야. 그래서 유럽 연합에서는 태우는 걸 재활용으로 보지 않아.

폐플라스틱은 철광석을 녹이는 데도 사용되고 있어. 철을 녹이려면 높은 온도가 필요하다고 한 거 기억하지? 지금은 '코크스'라는 연료를 주로 사용하는데, 폐플라스틱을 이용하면 코크스보다 39% 더 높은 에너지를 낼 수 있고, 이산화탄소 발생량도 30%나 줄일 수 있거든.

플라스틱과 인류의 공존

과학자들은 플라스틱을 친환경 소재로 만들기 위해 다양한 연구를 진행하고 있어. 그중 하나가 '바이오플라스틱'인데, 옥수수나 왕겨, 해조류 같은 식물 자원을 원료로 플라스틱을 만드는 거야. 바이오플라스틱은 종류에 따라 6개월 이내에 자연에서 분해되거든. 하지만 일반 플라스틱보다 열에 약하고 빨리 분해가 되기 때문에 오래 보관해야 하는 화장품이나 음식물의 용기로 사용하기는 힘들어.

'에어로겔'이라는 소재 들어 봤어? 에어로겔은 2002년 기네스북에 지구상에서 가장 가벼운 고체로 등재된 물질이야. 밀도가 공기의 3배 정도 되는데, 기체인 공기와도 밀도를 비교할 수 있을 정도로 아주 가벼운 고체 물질이라는 뜻이지. 이렇게 가벼워도 500g으로 자동차의 무게를 견딜 수 있을 정도로 강해. 소리나 열도 잘 막고 충격을 받으면 분산시키는 기능까지 있어서 정말 만능 소재라고 할 수 있어.

그런데 버려지는 플라스틱으로 에어로겔을 만드는 기술이 개발되었어. 플라스틱 중에서 페트를 가공해 얇은 섬유 형태로 만든 다음, 실리카 소재를 입히는 것이지. 이렇게 만든 페트 에어로겔은 단열과 방음재로 사용되고, 높은 온도에도 안전해서 소방관이 입는 방화복을 만들 수 있어.

이외에 버려지는 플라스틱을 재활용해서 자동차 바닥에 까는 카펫이나 좌석 시트를 만들기도 해. 또 미세 조류의 유전자를 변형해 이들이 소화시키는 과정에서 플라스틱을 생산할 수 있는 기술이나 미세 조류를 활용해서 기존의 플라스틱을 분해하는 기술도 연구되고 있지. 어떤 과학자들은 공기 중에 있는 이산화탄소를 이용해서 플라스틱을 만드는 걸 꿈꾸기도 해.

이런 기술이 개발되고 있으니 안심하고 플라스틱을 사용해도 되냐고? 천만의 말씀이야. 지금은 무조건 플라스틱을 줄이려고 노력해야 해.

플라스틱 분리배출 5문 5답

여기는 '궁금했어' 방송국입니다. 플라스틱 재활용 연구에 몰두하고 계시는 한 분을 모셨는데요, '제발줄이자연구소'의 P소장님입니다. 안녕하세요? 인터뷰에 응해 주셔서 감사합니다.

플라스틱은 모두 재활용이 되는 거죠?
아니에요. 플라스틱 중에는 세모 모양의 재활용 표시가 없는 것도 있는데 이런 것은 플라스틱으로 분리배출하면 안 돼요. 플라스틱은 녹여서 재활용하는데, 멜라민 수지 같은 열경화성 플라스틱은 열에 잘 녹지 않아서 재활용이 어려워요.

재활용 표시가 있는 건 모두 분리배출하면 되는 건가요?
원칙적으로는 그래요. 그런데 좀 복잡해요. 이 화장품 용기를 보세요. 재활용 표시가 있고, 페트라고 적혀 있어요. 이러면 재활용이 된다고 생각하기가 쉬워요. 그런데 그 아래에 뚜껑은 PP, 펌프는 OTHER이라고 적혀 있네요.

플라스틱은 기본적으로 같은 재질과 같은 색깔끼리 모여야 재활용할 수 있어요. 그러니 이 화장품 병을 재질별로 나눠야 하는데 비용이 많이 들겠지요. 그래서 원칙적으로는 분리배출해도 되지만 실질적으로는 버려지고 있어요. 장난감이나 빨대같이 재활용이 되는 재질이라도 작은 것들은 쓰레기로 버려야 해요. 재활용 처리장에서는 사람 손으로 선별하는 작업을 하기 때문에 크기가 작은 것들은 선별하기가 쉽지 않거든요.
　여러 가지가 섞인 플라스틱이라도 크기가 크면 분해해서 재활용할 수 있어요.

과일을 담은 투명 용기도 페트병과 함께 내놓는 거죠?

그렇게 생각할 수 있지만 아니에요. 보기에는 페트병이나 투명 용기가 같은 재질로 보여도 첨가제가 들어가는 경우가 많기 때문에 재질이 다르다고 봐야 하고, 기름이나 세제를 담았던 페트병도 일반 플라스틱으로 배출해야 해요. 기름이나 세제가 플라스틱의 성질을 변형시켰을 수 있거든요. 깨끗한 투명 페트병만 따로 모아야 해요. 라벨도 다른 재질이니까 떼어서 따로 분리해 비닐류로 배출해야 한답니다.

페트병의 뚜껑은 분리해서 따로 배출하는 게 나을까요?

참 기특한 생각이지만 그렇지 않아요. 페트병 뚜껑은 재활용이 가능한 재질이지만 뚜껑만 따로 배출할 경우 크기가 작아 재활용하기 어려워요. 페트병과 함께 배출하면, 페트병을 파쇄해서 세척하는 과정에서 물에 뜨기 때문에 오히려 재활용하기가 쉽죠. 또 배출할 때 눌러서 압축한 후에 뚜껑을 닫으면 부피를 줄일 수 있는 것도 장점이에요.

음식물이 묻은 비닐은 분리배출해도 되나요?

비닐은 대부분 태워서 에너지를 얻는 방법으로 재활용을 해요. 그런데 음식물이 묻어 있으면 연료의 질이 떨어져요. 깨끗한 비닐만 분리해서 배출해야 해요.

5장

석유에서 섬유로, 합성 섬유

최초의
합성 섬유

1945년 12월, 뉴욕 어느 거리에서는 추운 날씨임에도 뭔가를 사려고 사람들이 길게 줄을 서 있었어. 이곳뿐 아니라 미국 여기저기에서 이 물건을 사기 위해 수백, 수천 명의 사람들이 줄을 섰고, 심지어는 서로 머리채를 잡고 싸우는 일도 벌어졌지. 사람들이 이토록 열광한 물건이 뭐였을까? 바로 나일론 스타킹이었어.

나일론 스타킹이 처음 나온 건 1940년이야. '강철처럼 강하고 거미줄처럼 가늘다'라고 광고했어. 나일론 스타킹을 사서 그 자리에서 치마를 걷고 스타킹을 신는 사진이 신문에 날마다 실릴 정도로 인기였지. 그동안 사용하던 실크 스타킹보다 훨씬 싸고 튼튼했거든.

나일론 같은 섬유를 '합성 섬유'라고 하는데, 앞에서 살펴본 플라스틱과 한 가족이야. 넓은 의미로 합성 섬유도 플라스틱에 속한다고

볼 수 있거든. 플라스틱이 원유에서 추출해 낸 나프타로 만든 것처럼 합성 섬유도 같은 원료로 만드는 거야.

천연 섬유를 먼저 이해하고 나면 합성 섬유를 더 쉽게 이해할 수 있어. 천연 섬유 중 우리가 가장 많이 사용하는 건 면이야. 수건이나 여름 티셔츠, 속옷을 보면 '면 100%' 또는 '순면'이라고 적혀 있거나 면 함량이 매우 높지. 면은 자연에서 나는 목화솜으로 만들어. 마는 모시풀이라는 식물로 만드는데, 까슬까슬하고 시원한 느낌을 주기 때문에 여름 이불이나 여름옷으로 많이 사용해.

양모로 만든 털실

또 누에고치에서 실을 뽑아서 만드는 비단(실크)은 매우 부드러워서 블라우스나 스카프, 넥타이를 만들 때 많이 사용해. 양털로 만드는 건 양모야. 겨울 스웨터나 코트에 많이 들어 있지.

천연 섬유에는 이것 말고도 '광물 섬유'라는 게 있는데, 암석으로 만든 섬유야. 암석으로 실을 만든다니 신기하지? 암석에서 아주 가늘고 솜 같은 형태의 실을 뽑아낼 수 있어. 주로 각섬석이나 사문석이라는 광물을 이용해. 광물 섬유는 옷을 만드는 용도보다는 주로 건축 재료로 사용되고 있어. 발암 물질이 들어 있어 여러 나라에서 사용이 금지된 '석면'도 광물 섬유의 한 종류야.

본격적으로 합성 섬유를 만나 보기 전에 소개할 섬유가 있어. 천연 섬유와 합성 섬유의 중간쯤에 있는 것인데, 바로 목재 펄프로 만든 '레이온'이야. 레이온은 비싼 실크 대용으로 만든 섬유라서 인조 실크, 인견이라고 하기도 해.

3대 합성 섬유 폴리에스터, 나일론, 아크릴

그렇다면 합성 섬유는 뭐냐고? 합성 섬유는 석탄이나 석유에서 뽑아낸 실로 만든 섬유야. '나일론'이 최초의 합성 섬유지. 나일론을 처음 만들 때는 석탄에서 추출한 물질로 만들었다고 해. 그러다 석유로 교체되었지. 나일론이 개발되고 나서 가장 먼저 만든 건 바로 칫솔이었어. 나일론 칫솔이 나오기 전에는 돼지털로 만들었고 가격도 비쌌지. 그런데 나일론으로 만들면서 가격이 싸졌어.

나일론의 뒤를 이어 탄생한 합성 섬유가 '폴리에스터'야. 3대 합성 섬유가 폴리에스터, 나일론, 아크릴인데, 이 중 폴리에스터가 87%를 차지할 만큼 많이 사용돼.

폴리에스터는 주로 다른 섬유와 섞어 사용해 성능을 올리는 역할을 해. 면, 양모, 실크, 레이온, 마 등과 혼용해서 많이 사용되는데 천연 섬유만 사용할 때보다 옷감 만드는 비용을 낮출 수 있을 뿐만 아니라 천연 섬유가 가진 단점을 보완할 수 있어. 천연 섬유는 일반적으로 구김이 잘 가고, 물에 젖으면 약해지지만 폴리에스터를 섞으면 구김이 덜 가고 튼튼해지지.

또 폴리에스터의 단점도 보완할 수 있어. 폴리에스터는 염색이 잘 안 되는 재료인데 천연 섬유와 섞으면 염색이 잘돼.

그런데 이 폴리에스터가 페트병과 같은 재질이라는 거 알아? 폴리에스터는 페트병보다 옷을 만드는 데 먼저 이용되었어. 이때가 1946년이야. 이로부터 거의 30년이 지난 후 플라스틱 용기로도 사용하게 된 거지. 폴리에스터 섬유와 페트병이 같은 성분이기 때문에 투명한 페트병을 깨끗하게 분리배출하면 옷으로도 탄생할 수 있어.

섬유 혼용율

겨울용 스웨터나 코트에 달린 라벨을 보면 공통적으로 많이 사용된 섬유가 '아크릴'이야. 아크릴이 섞인 옷감은 부드럽고 따뜻해. 아크릴은 양모를 대체하는 섬유로 개발한 거야. 천연 섬유인 양모는 벌레나 곰팡이에 약하고 때도 잘 타거든. 그런데 아크릴은 잘 상하지 않고 때도 덜 타. 하지만 정전기와 보풀이 많이 생기는 게 단점이야. 그래서 양모와 아크릴을 섞어서 따뜻하고 튼튼하며 보풀이 덜 생기도록 하는 거지.

마지막으로 '폴리우레탄'을 살펴볼까?

우레탄이 없었다면 스파이더맨과 슈퍼맨의 멋진 슈트를 만들기 어려웠을 거야. 순면으로 된 면바지나 청바지는 입고 움직이기 불편하지. 여기에 폴리우레탄을 섞으면 한결 부드러워져. 신축성 있는 옷에 '스판'이 들어가 있다고들 하잖아. 이것이 폴리우레탄의 한 종류인 '스판덱스'를 말하는 거야. 폴리우레탄은 천연고무를 대신하는 소재라고 보면 돼. 고무보다 가볍고 3배 정도 튼튼해서 바지뿐만 아니라 수영복, 속옷 등에 많이 사용되고 있어.

배트맨의 슈트를
만들 수 있을까?

영화를 보면 배트맨은 슈트와 함께 길게 늘어진 망토를 입고 등장해. 슈트와 망토는 활활 타는 불 속에서도 끄떡없고, 총알도 튕겨 내고, 얼음 공격에 맞설 때는 열을 내서 막기도 하지. 또 평소에는 부드럽지만 전기가 흐르면 날 수 있도록 탄탄하게 펼쳐지기도 해. 배트맨의 마스크에는 방탄 기능은 물론이고 열이나 자외선 등을 감지해 어두운 곳에서도 볼 수 있는 센서가 있고, 귀 부분에는 작은 소리도 잘 들리게 해 주는 장치가 있어.

배트맨 슈트를 현실에서도 만들 수 있을까? 만약 500℃가 되는 뜨거운 불에도 타지 않고, 강철보다 5배나 단단해서 총알도 막는 데다 가볍기까지 한 섬유가 있다면 만들 수 있지 않을까?

'아라미드 섬유'라면 가능할지도 몰라. 노란색이어서 황금실이라고

도 불리는 아라미드 섬유는 5mm 두께의 실로 2톤 무게를 들어 올릴 만큼 강력해. 그래서 가벼운 방탄복이나 소방복을 만들 수 있지. 예전에는 방탄복 무게가 10kg이 넘어서 전투를 하려면 무척 힘들었는데 합성 섬유의 발달이 이런 고생을 덜어 준 셈이야.

아라미드 섬유는 특수한 옷뿐만 아니라 전기 자동차에도 많이 사용해. 아라미드 섬유를 사용해서 차가 가벼워지면 같은 배터리 용량으로도 오래 달릴 수 있거든.

그런데 아라미드보다 더 강력한 섬유가 '탄소 섬유'야. 90% 이상 탄소로 이루어졌고, 현재 존재하는 가장 강력한 섬유로 알려져 있어. 탄소 섬유가 들어간 운동화는 일반 운동화보다 더 높이 튀어 오르면서도 에너지는 덜 사용하게 만들어 주지. 운동선수들에게는 아주 좋은 소식이겠지?

실제로 탄소 섬유 운동화를 신고 세계 기록이 쏟아지기도 했어. 이 때문에 진정한 스포츠 정신이 무엇이냐는 논란까지 생겨났지. 그래서 세계육상연맹에서는 운동화에 넣을 수 있는 탄소 섬유의 양을 규정해 두었어.

탄소 섬유는 아크릴 섬유를 1,200℃ 이상의 온도에서 가공해서 만들어. 굵기가 0.005~0.010mm로 매우 가늘고 무게는 철의 4분의 1밖에 안 되지만 강도는 철의 10배나 돼. 또한 당기거나 구부려도 잘 견뎌서 '꿈의 신소재'라는 수식어도 달고 있지.

탄소 섬유는 항공기, 스마트폰, 노트북 등에 무거운 철 대신 사용되고 있어. 섬유인데 옷에는 사용이 안 되냐고? 우리 몸에서 발생하는 정전기를 흘려보내거나, 땀으로 전기를 생산해 내는 특수한 기능을 가진 옷을 만들 때 사용되지. 또 옷감에 탄소 섬유를 섞으면 열을 발생시킬 수도 있어.

나를 이해하는 똑똑한 섬유, 스마트 섬유

이제는 똑똑한 섬유들을 소개할게. '스마트 섬유'라고도 하는데, 크게 두 가지 종류가 있어. IT 기술과 결합한 섬유와 IT 기술을 결합하지 않았지만 완전히 새로운 기능을 가진 섬유야.

먼저 IT 기술과 결합한 섬유는 쉽게 말하면 내가 신은 양말이나 입고 있는 티셔츠가 전자 기기와 통신을 할 수 있는 거야. 예를 들면 장갑의 새끼손가락에 마이크를, 엄지손가락에 스피커를 달아 휴대 전화를 꺼내지 않아도 장갑을 낀 손으로 통화를 할 수 있는 거지.

또 근육 활동을 측정하는 센서가 달린 옷을 입고 운동하면, 몸의 어떤 부분의 근육을 많이 쓰는지 바로 확인할 수 있어서 온몸을 균형 있게 발달시킬 수 있고, 몸이 약한 할머니나 할아버지가 사는 집의 바닥에 센서가 달린 담요를 깔아 놓으면 혹시라도 쓰러졌을 때 신호가 울려서 응급 처치를 할 수도 있어.

세라믹 압전 소자 기억나지? 압전 소자를 옷에 결합시키면 우리가 움직이면서 발생하는 에너지로 휴대 전화를 충전시킬 수도 있어. 이뿐 아니야. 군인이나 소방관처럼 위험한 곳에서 일하는 사람들은 시각 센서가 있는 섬유로 만든 옷을 입으면 상대방의 움직임을 모든 각도에서 파악할 수 있게 될 거야.

　이렇게 섬유에 IT 기술을 접목하는 일은 사실 쉽지 않아. 옷은 빨 수 있어야 하고 우리 몸에 부드럽게 잘 감겨야 하잖아. 그래서 초기의 스마트 섬유는 빨래를 하려면 센서와 같은 부품을 분리해야 했어. 하지만 이제 섬유 자체가 센서 역할을 하기 때문에 세탁도 가능하므로 스마트 섬유의 활용도도 커지고 있지.

　IT 기술을 접목하지 않은 다른 종류의 스마트 섬유들도 있어. 대장균이 들어간 옷은 미국 매사추세츠공과대학에서 개발한 옷인데, 땀을 흘리면 옷에 부착된 환기 통로가 열리고, 땀을 배출해서 체온이 내려가면 환기 통로가 닫히는 거야. 환기 통로 부분에는 습기에 민감한 대장균이 살고 있어서 습도에 따라 통로를 열고 닫는 거지.

　바이오세라믹 입자를 코팅한 잠옷도 있어. 이 잠옷은 몸에서 나오는 열을 흡수하고 그 열을 원적외선으로 만들어 다시 피부로 돌려보내. 잠옷을 입으면 원적외선 에너지가 방출되어 세포가 잘 회복되고 자는 동안 피로도 빨리 풀 수 있게 해 주지.

　이렇게 우리가 생각했던 상식을 뛰어넘는 섬유들은 앞으로도 더 많이 개발될 거야.

자연으로 빠르게 돌아가는 친환경 섬유

　합성 섬유가 이처럼 눈부시게 발전해 가고 있지만, 합성 섬유로 인한 폐해도 심각한 문제가 되고 있어. 플라스틱이 썩지 않고

지구에 남아 문제를 일으키는 것처럼 말이야. 합성 섬유도 같은 원료로 만든 거니까 비슷해. 아니, 더 심각하다고 볼 수도 있어.

그래서 친환경 섬유에 대한 관심이 점점 높아지는 중이야. 친환경 섬유는 한마디로 환경에 해를 덜 끼치는 섬유를 말하는데, 몇 가지 기준이 있어. 우선 만드는 과정에서 공해 물질을 적게 배출해야 해. 면의 재료가 되는 목화를 재배하는 과정에서 농약을 많이 사용한다면 친환경 섬유라고 할 수 없지.

그다음으로, 미생물에 의해 쉽게 분해되어서 자연으로 돌아갈 수 있어야 해. 옥수수 전분으로 만들어진 생분해성 PLA 섬유는 땅에 묻으면 6개월 안에 완전히 분해가 되지.

이외에도 합성 섬유를 대신해 사용할 수 있어야 하고, 버려지는 폐기물을 쉽게 재활용할 수 있어야 해. 이런 면에서 페트병을 재활용해서 만드는 옷도 넓은 의미에서 친환경 섬유에 포함시키기도 하지.

친환경 섬유에는 진히 색다른 재료를 사용하는 경우도 많아. 바나나 줄기나 코코넛 열매 껍질, 대나무 등을 이용하기도 하고, 게나 새우 껍질을 활용하기도 하고, 숯에서 만들기도 해. 심지어 우유나 콩의 단백질을 이용하기도 하지.

우유나 콩의 단백질로 어떻게 옷을 만들 수 있냐고? 유통기한이 지난 우유를 모아서 지방을 제거한 다음, 단백질 성분인 카제인만 남겨 알칼리 용액과 반응시켜 실을 뽑아내지. 이렇게 만들어진 우유 섬유는 실크처럼 부드럽고 구김도 잘 가지 않는 데다 해충에도 강해.

미세 섬유가 뭘까?

미세 섬유는 지름이 수 ㎛(마이크로미터, 1㎛=1,000분의 1㎜)인 아주 가는 섬유야. 사람들 머리카락 굵기가 50㎛ 정도라고 하니까 머리카락 두께의 10분의 1쯤 되는 셈이지.

이렇게 눈에 잘 보이지도 않을 정도로 가는 미세 섬유가 우리나라 동해안의 깊은 바다에서 발견되었어. 한국해양과학기술원은 울릉도와 독도 사이에 있는 바다를 조사했는데 수심 10m 깊은 물에서 합성 섬유를 포함한 미세한 플라스틱이 $1m^3$당 약 1개가 검출되었대. 이 중 대부분이 합성 섬유에서 나온 미세 섬유였어. 이보다 훨씬 깊은 수심 2,300m의 해저 퇴적물에서도 1g당 약 0.06개의 미세 플라스틱이 검출되었는데, 이 중 84%가 미세 섬유였어.

미세 섬유는 사람들이 입는 옷에서 떨어져 나온 거야. 지금 이 글을 읽고 있는 순간에도 옷에서 조금씩 떨어지고 있어. 미세 섬유는 합성 섬유를 세탁할 때 가장 많이 생겨나는데, 합성 섬유로 만든 재킷 10개를 세탁하면 17g 정도 나와. 밥숟가락에 설탕을 그득 담으면 10g 정도 되니까 합성 섬유로 된 옷을 빨 때 나오는 미세 섬유가 아주 많다는 것을 알 수 있어. 미세 섬유는 드럼 세탁기보다 일반 세탁기에서 세탁할 때 더 많이 나오고, 낡은 옷일수록 더 심해.

이렇게 세탁기에서 나온 미세 섬유는 물에 섞여 하수구를 지나 강과 바다로 흘러가고, 바다 생명체의 먹이가 되어 우리 식탁까지 올라오게 돼. 이런 과정을 통해 우리 몸속 혈관까지 들어온 미세 섬유는 질병의 원인이 될 수도 있어.

미세 섬유를 줄이는 생활 수칙
1. 자주 빨아야 하는 옷은 되도록 천연 섬유나 천연 섬유가 혼방된 옷으로 산다.
2. 합성 섬유만으로 된 옷보다는 천연 섬유와 혼방한 것을 선택한다. 예를 들어 폴리에스터 100%로 만들어진 옷에 비해 면과 혼방된 옷은 미세 섬유 발생률이 3분의 1로 줄어든다.
3. 일반 세탁기보다는 드럼 세탁기를 사용한다.
4. 미세 섬유를 줄일 수 있는 제품에 관심을 갖는다.
5. 세탁기나 건조기에 남은 섬유 찌꺼기는 물로 씻어 내지 말고 꼭 쓰레기봉투에 버린다.
6. 세탁할 때 물 온도가 높을수록 미세 섬유가 더 많이 나온다. 되도록 낮은 온도에서 빨래하다.
7. 가루 세제는 물에 녹여서 사용하는 게 좋다. 가루가 옷감과 마찰을 일으켜 미세 섬유를 더 많이 발생시키기 때문이다.
8. 옷장을 잘 정리한다. 무슨 옷이 있는지 알아야 불필요한 구매를 줄일 수 있다.
9. 유행을 따라 새 옷을 자주 사기보다는 마음에 꼭 드는 옷을 신중하게 골라서 오래 입는다.
10. 이 내용을 가족 모두와 공유하고 함께 실천한다.

6장

꿈의 물질, 초전도체

아이언맨의 심장,
아크 원자로

영화 〈아이언맨〉에서 주인공 토니 스타크는 아이언맨 슈트를 입으면 커다란 배도 번쩍 들어 올리고 우주도 획획 날아다녀. 또 손에서 빔을 발사해 적을 물리치기도 하지. 이러한 아이언맨 슈트의 막강한 힘은 가슴에서 빛나는 작은 '아크 원자로'에서 나와.

 영화에서 토니 스타크는 원자로에서 초당 12GW(기가와트)의 에너지를 생산한다고 말해. 이 아크 원자로 5개만 있어도 우리나라 온 국민이 사용하는 전기를 몽땅 생산할 수 있을 정도야. 아이언맨은 이렇게 엄청난 에너지를 손바닥만 한 원자로에서 얻고 있다는 거지. 물론 영화니까 가능한 장면이야. 그런데 이런 아크 원자로가 우리 앞에 언젠가 진짜로 나타날 수도 있어. 아크 원자로의 실현 가능성을 앞당길 수 있는 첨단 소재의 이름은 '초전도체'라고 해.

초전도체는 비행기처럼 빠른 자기부상열차를 만들 수도 있고, 집에 있는 전선을 실처럼 가늘게 만들 수도 있어.

초전도체와 전기 저항

전도체는 전기를 전달할 수 있는 물질이야. 여기에 '초'라는 글자가 붙은 건, 우리가 잘 쓰는 '초대박'처럼 엄청나다는 뜻이지. 그러니까 초전도체는 전기를 엄청나게 잘 전달하는 물질이야.

그럼 어느 정도로 잘 전달하길래 초전도체라는 이름이 붙었을까? 그걸 알기 위해서는 '전기 저항'이라는 개념을 알아야 해.

금속은 전기를 통하게 하는 성질이 있지. 하지만 전기가 흐를 때 흐름을 방해하는 힘도 생겨. 이걸 전기 저항이라고 해. 100m 달리기를 하는데, 사람들이 여기저기 서 있다고 생각해 봐. 그러면 이들을 피하느라 에너지를 쓰게 되고, 또 이들과 부딪쳐서 에너지를 소모하게 될 거야. 휴대 전화나 노트북을 오래 사용하면 열이 나지? 그게 바로 전기 저항 때문인데, 열이 난다는 것은 전기 에너지가 열에너지로 바뀌었다는 뜻이야. 전기 에너지가 기기를 작동시키는 데 사용되지 못하고 열로 그냥 사라져 버린 셈이지. 이렇게 손실되는 에너지가 7% 정도야. 발전소에서 어렵게 생산한 전기가 아깝게 새고 있는 거지.

그런데 물질이 어떤 특정한 상황에서 전기 저항이 0이 되는 현상이 일어나. 전기를 보내면 하나도 손실되지 않고 100% 전달된다는 거지. 이것이 바로 초전도체야. 콘센트를 여러 개 연결하는 멀티탭과 휴대 전화 충전기를 찾아서 전선의 굵기를 비교해 볼까? 멀티탭의 전선 굵기에 비하면 충전기는 매우 가늘 거야. 이게 다 전기 저항 때문이야. 강한 전류를 보내려면 더 넓은 통로가 필요해. 그런데 초전도체를 이용하면 지금보다 20배 가는 전선으로도 충분하고, 같은 굵기라면 400배나 더 많은 전류를 보낼 수 있어.

핵융합으로 에너지를 얻는 아크 원자로

초전도체는 전기 저항이 0이 되는 것 말고 중요한 특징이 하나 더 있어. 바로 자기장을 차단하는 특성이 있어서 자석을 강하게 밀어낸다는 거지. 자기력의 반발을 이용해 열차가 철로 위 공중에서 뜬 상태로 달리는 '자기부상열차'를 생각하면 돼. 아직은 자기부상열차를 만들고 유지하는 데 비용이 많이 들지만, 초전도체 전자석이라면 자기력이 수천 배 강해지기 때문에 전기가 적게 들어.

그뿐만 아니라 병원에는 우리 몸을 세세하게 관찰할 수 있는 자기공명영상장치(MRI)라는 게 있는데, 여기에도 초전도체 자석이 들어가.

이제 드디어 아크 원자로 얘기를 할게. 원자로는 원자핵을 반응시켜서 에너지를 얻는 장치를 말해. 지금 우리가 사용하는 원자력 발전이 바로 핵을 분열시켜서 에너지를 만드는 거야. 그런데 아이언맨의 아크 원자로는 핵분열이 아니라 핵이 합쳐지면서 생기는 핵융합 에너지일 거야.

핵융합은 또 뭐냐고? 태양이 이글이글 타는 것이 수소가 결합해서

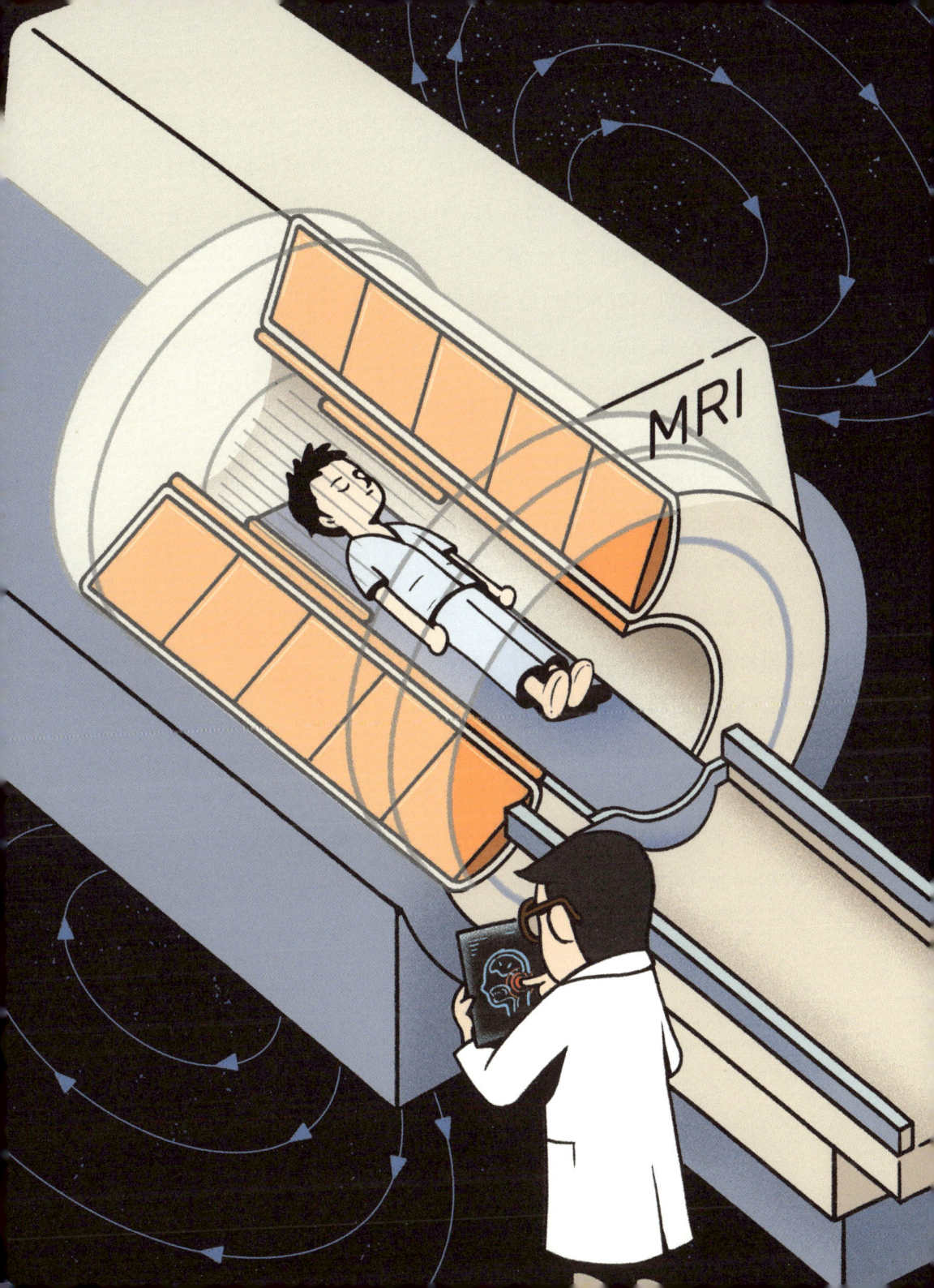

헬륨으로 바뀔 때 엄청난 빛과 열을 내는 거라고 했잖아. 이때 수소 원자들의 핵이 융합해서 헬륨 원자로 바뀌는 거야. 이게 핵융합이야. 핵융합 발전은 태양과 같은 장치를 지구에 만드는 것이지. 그래서 핵융합 발전을 인공 태양이라고도 해.

핵융합 발전의 파워가 얼마나 거대하냐면 4g 정도의 수소 원자를 핵융합 하면 36×1,010kJ(킬로줄)의 에너지가 발생하는데, 자그마치 8만 명이 1년 동안 사용할 수 있는 에너지의 양이야. 아쉬운 건 핵융합 발전소가 실제로 있긴 한데, 아직 활용할 수 있는 단계는 아니라는 거야.

핵융합 발전을 지구에서 하려면 태양보다 뜨거운 온도가 필요해. 태양은 압력이 높아서 1,500만 ℃ 정도로도 가능하지만 지구에서는 압력이 낮아 무려 1억 ℃ 이상 되는 플라스마* 상태가 되어야 하거든.

이렇게 뜨거운 플라스마 상태를 만들려면 강력한 자기장으로 이들을 가둬야 해. 이 설비를 '토카막 장치'라고 해. 하지만 아직은 30초 정도 플라스마 상태를 유지할 수 있을 뿐이야.

그러면 아이언맨의 아크 원자로가 불가능하다는 것 아니냐고? 지금 당장은 실현하기 힘들지만 불가능한 일도 아니야. 우리가 몇십 년 전만 해도 손에 컴퓨터를 들고 다닐 거라는 건 상상도 못 했듯이, 지금은 멀어 보이지만 언젠가는 실현할 수 있어. 상상하고 도전하기를 멈추지 않는다면 말이야.

* **플라스마** 초고온에서 원자핵과 전자가 분리된 상태

초전도체의
발전

핵융합 시설에서 초전도체를 이용해 자기장을 만들 때 중요한 문제는 바로 온도야. 초전도 현상은 영하 수백 ℃에서 일어나거든. 그러니까 현재 핵융합을 위해 1억 ℃의 플라스마를 가두려면 그 바깥에는 영하 수백 ℃의 거대한 냉각 용기가 필요해.

  초전도체는 도대체 어떤 물질이길래 이렇게 낮은 온도가 필요한 걸까? 초전도 현상이 일어나는 물질은 한 가지가 아니라 여러 가지야. 가장 처음 발견된 건 수은이었어. 1911년 네덜란드 과학자 헤이커 카메를링 오너스는 영하 268.8℃에서 수은의 전기 저항이 사라지는 걸 발견했어. 오너스는 이 업적으로 1913년 노벨 물리학상을 받았지.

  이후 과학자들은 오너스의 놀라운 발견에 이어서 연구를 계속했어. 수은이 아닌 주석이나 알루미늄 금속은 물론 다양한 금속을 섞은 합금도 초전도체가 되는 걸 발견하기도 했고, 세라믹에서도 같은 현상이 나타난다는 걸 밝혔어.

영하 268.8℃는 너무 낮은 온도였기 때문에 과학자들은 좀 더 높은 온도에서 초전도체를 만들어 내기 위해 연구에 연구를 거듭했어. 그러다 1986년 1월 드디어 영하 238.15℃에서 고온 초전도체를 발견했고, 영하 183℃에서도 세라믹 초전도체를 발견했지. 물론 우리가 생각하는 그런 고온이 아니야. 초전도체 중에서는 높은 온도라는 뜻이지.

과학자들을 흥분시킨 고온 초전도체

고온 초전도체의 발견은 과학자들을 크게 흥분시킬 정도로 놀라운 일이었어. 이 발견이 왜 중요하냐면 그동안 초전도체를 이용하기 위해서는 액체 헬륨을 사용해 왔는데, 이제 액체 질소를 쓸 수 있게 된 거야. 액체 헬륨은 지구상에서 가장 차가운 물질로, 비싸고 구하기도 어려운 반면에 액체 질소는 값도 싸고 풍부하거든. 현재 초전도체를 이용한 자기부상열차도 액체 질소 덕분에 가능한 거야.

그런데 초전도체가 처음 발견되고 100년이 넘는 시간 동안 과학자들이 연구에 연구를 거듭해도 찾아내지 못한 게 있었어. 바로 꿈의 물질이라고 부르는 '상온 초전도체'야. 상온 초전도체를 발견하면 온도를 낮추기 위해 액체 질소나 액체 헬륨 같은 물질을 사용하지 않아도 되니까 말이야. 거대한 냉각 장치가 없어도 초전도 현상을 만들어 낼 수 있는 거지. 영화의 아크 원자로처럼 핵융합 장치의 크기도 줄일 수 있고, 초고속 자기부상열차도 더 쉽게 만들 수 있는 거지.

시속 900km로 하늘을 나는 듯 달리는 자기부상열차도, 냉각 장치가 필요 없어 슈퍼 컴퓨터가 손안에 들어올 날도, 소형 핵융합 발전기가 생기는 날

상하이 자기부상열차

도 언젠가는 올 거야. 지금까지 초전도체 연구로 노벨상을 탄 과학자만 3명이야. 앞으로도 초전도체 분야에서 성과를 내면 노벨상을 받게 될 거라고 해서 '노벨상의 노다지'라고 불릴 정도지.

미리 가 보는 20XX년 ❶

꿈에 그리던 상온 초전도체 세상이 실현되다!
상온 초전도체를 실현시키기 위해 수많은 과학자들이 연구에 연구를 거듭한 결과, 20XX년 드디어 기적처럼 상온 초전도체를 자유롭게 사용할 수 있게 되었다. 상온 초전도체는 그동안 많은 과학자들을 절망시키기도 했지만, 멈추지 않고 도전한 과학자들 덕분에 현실이 된 것이다.

20XX년, 지금은 서울에서 부산까지 30분이면 갈 수 있다. 비용도 저렴하다. 과거에도 초전도체를 활용한 자기부상열차가 있었지만, 액체 질소 등을 사용해 극저온 환경을 만들어야 했기 때문에 상용화하는 데는 한계가 있었다. 하지만 이제는 상온에서 작동하는 상온 초전도체를 손쉽게 만들게 되면서 비용도 저렴해지고, 성능도 획기적으로 개선되었다.

게다가 상온 초전도체는 동화에서나 보던 날아다니는 양탄자도 가능하게 만들었다. 강력한 자기장을 쉽게 만들 수 있게 되었기 때문이다. 앞으로 다양한 개인형 비행장치도 곧 만나게 될 것이다.

또한 방 크기만 했던 슈퍼 컴퓨터가 손바닥 크기로 작아졌고, 슈퍼 컴퓨터 수십 대의 역할을 하는 양자 컴퓨터를 누구나 이용하게 되었다. 덕분에 무선통신 속도도 엄청나게 빨라져서 예전에는 상상하지 못한 기술들이 구현되고 있다.

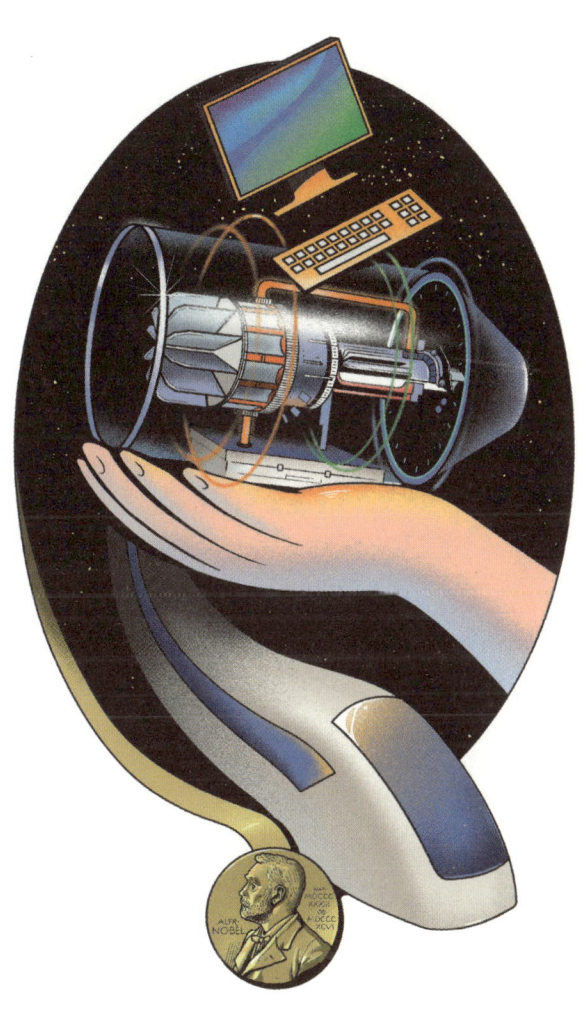

7장

세상을 바꿔 가는
반도체

마음대로 전기가 통하는 신기한 물질

반도체 하면 떠오르는 장소가 있어. 바로 미국 IT 기업들이 모여 있는 실리콘 밸리야. 좀 더 정확히 말하면 '실리콘 칩'을 만드는 회사들이 모여 있는 곳이지. 실리콘 칩이 뭐냐고?

실리콘 칩이 바로 반도체 칩이야. 우리가 사용하는 전자제품 안에 들어가 있는 네모 모양의 아주 조그만 조각들이지.

그런데 대개 실리콘이라고 하면 플라스틱과 비슷한 말랑말랑한 재질을 떠올릴 거야. 말랑한 실리콘과 반도체 칩을 만드는 딱딱한 실리콘은 모두 규소(Si)가 주원료야. 규소가 영어로 실리콘(silicon)이거든. 말랑한 실리콘은 규소에 여러 가지 물질을 섞은 규소 화합물이라고 보면 돼. 어떤 물질을 결합하느냐에 따라서 말랑한 정도가 달라지지.

말랑한 실리콘은 여러 물질과 섞어서 고분자 화합물로 만든 거야. 앞

에서 플라스틱이 고분자 화합물이라고 한 것 기억나지? 그래서 실리콘 제품도 플라스틱과 비슷하게 보이는 거야.

실리콘 칩을 만드는 실리콘, 즉 규소는 대표적인 반도체 물질이야. 반도체 칩과 반도체는 어떻게 다를까? 흔히 두 단어를 혼용해서 쓰기도 하는데, 반도체 칩은 규소가 주재료인 스마트폰이나 컴퓨터에 쓰이는 '부품'이고, 반도체는 반도체의 성질을 띠는 '물질'이야.

전기가 잘 통하는 물질인 철 같은 금속은 '도체'라고 하고, 나무나 고무, 플라스틱처럼 전기가 통하지 않는 물질을 '부도체'라고 해. 그러면 반도체는 도체와 부도체의 절반 수준으로 전기가 통하는 물질이라고 생각할 수도 있어. 매운맛과 순한 맛의 중간 맛 같은 걸까? 아니야. 반도체는 상황에 따라 어떤 때는 도체가, 어떤 때는 부도체가 되는 물질이야.

규소에 불순물을 넣으면 전기가 통한다

반도체 성질을 보이는 물질은 규소만이 아니야. 주기율표를 보면 왼쪽이 주로 금속 원소이고, 오른쪽이 비금속 원소인데, 반도체 물질은 그사이에 있는 구리(Cu), 아연(Zn), 알루미늄(Al), 규소(Si) 같은 원소들이지. 금속 원소는 전기가 통하고, 비금속은 전기가 통하지 않는데, 중간에 있는 원소들은 반도체의 성질을 갖는다는 거지.

가장 먼저 반도체로 사용된 물질은 주기율표에서 규소 바로 아래에 있는 저마늄(Ge, 게르마늄)이었어. 하지만 저마늄은 60°C 정도의 낮은 열에서 쉽게 파괴되고, 구하기도 어려웠어. 그래서 180℃에서도 견딜 수 있는 규소를 사용하게 된 거야. 규소는 지구상 어디에나 있으니까. 모래를 한 줌 쥐면 그 안에 규소가 그득 들어 있을 정도거든. 그래서 지금은 반도체를 만들 때 주로 규소를 사용하고 있고 규소, 즉 실리콘이 반도체를 대표하는 용어가 된 거야.

그러면 반도체 물질은 어떻게 때로는 전기를 흐르게 하고, 때로는 흐르지 않게 하는 걸까? 반도체 물질은 신기하게도 어떤 물질을 첨가하거나, 빛이나 열을 받으면 성질이 바뀌게 돼.

그 원리를 알려면 어떤 원자가 전기를 통하고 어떤 원자가 통하지 않는지부터 이야기해야 해. 여기서부터 하는 설명은 좀 어렵지만 그래도 찬찬히 읽으면 이해할 수 있을 거야.

도체, 부도체, 반도체의 차이

원자는 중앙에 원자핵이 있고 원자핵을 중심으로 전자들이 분포되어 운동하고 있어. 특히 고체는 수많은 원자들이 결합된 구조야. 이때 원자가 여러 개가 모이면 전자들이 차 있는 에너지 띠인 '원자가 띠'와 전자들이 차 있지는 않지만 전자들이 들어갈 수 있는 '전도 띠'라는 영역이 생겨. 이 두 에너지 띠의 간격에 따라 도체와 부도체가 되는 거야. 그림처럼 도체 물질에서는 두 띠가 겹칠 정도로 붙어 있어서 전자들이 자유롭게 이동해서 늘 전기가 흐르고, 부도체 물질에서는 두 띠 사이가 너무 멀어서 전자들이 이동을 할 수 없어서 전기가 흐르

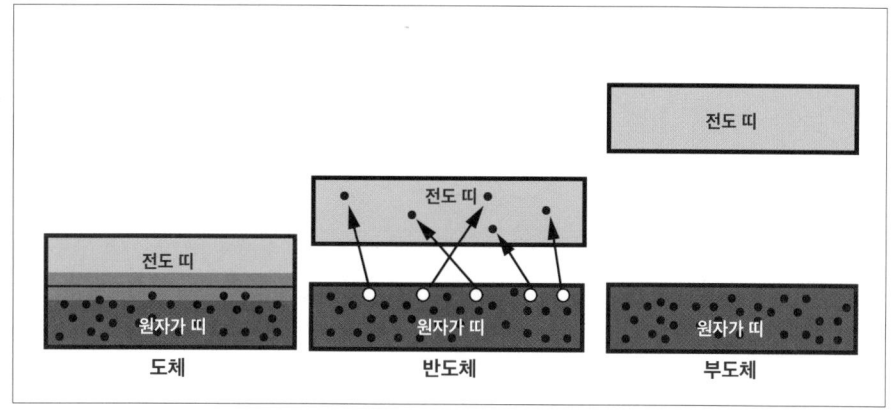

반도체의 물질의 원리

지 않아. 반도체는 어떤 조치를 취했을 때 원자가 띠에서 전도 띠로 전자들이 움직여서 전기가 통하는 거야.

어떤 조치를 취하는 거냐고? 반도체 물질에 불순물을 넣거나, 열이나 빛을 쪼여서 전자들이 더 자유롭게 움직이도록 만들어 주는 거야. 불순물이란 전자들을 자유롭게 만드는 물질을 말해. 불순물을 넣으면 전자들이 자유롭게 원자가 띠에서 전도 띠로 올라가면서 전기가 통하게 되는 거지.

규소의 원자 구조를 보면 맨 바깥 궤도의 4개 전자가 옆에 있는 규소의 4개의 전자를 만나서 다음 그림처럼 결합해. 규소끼리 꽉 맞잡고 빈틈없이 결합해 있으면 전기가 통하지 않아. 온도를 높이면 전기가 살짝 통하긴 하지만 아주 약해서 반도체로 사용하기는 힘들어. 그래서

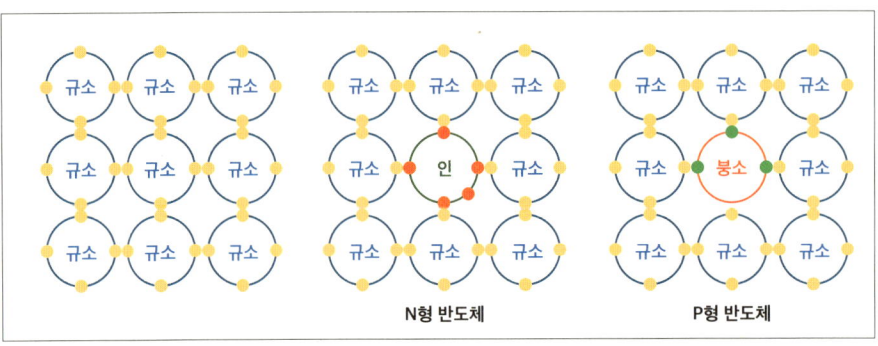

규소의 결합과 반도체

전자끼리 서로 맞잡고 있는 상태를 깨는 불순물을 넣는 거야.

불순물을 넣는 방법은 크게 두 가지야. 맨 바깥 궤도에 있는 전자가 5개인 원소를 넣거나, 3개인 원소를 집어넣는 거야. 전자가 5개인 원소를 넣으면 전자가 남고, 3개인 원소를 넣으면 빈자리가 생겨. 이렇게 한쪽은 전자가 남고 다른 한쪽은 전자가 빈 공간이 생기면 전자들이 서로 움직이겠지? 이렇게 자유로운 전자들이 생겨나면 원자가 띠에 묶여 있던 전자들이 전도 띠로 올라가게 되는 거야. 전자가 남는 반도체를 'N형 반도체'라고 하고, 전자가 모자란 반도체를 'P형 반도체'라고 해. 이 이름은 뒤에도 나오니까 기억해 두길.

이때 불순물로 사용하는 물질이 붕소(B), 알루미늄, 인, 비소(As) 등인데, 주기율표에서 규소 바로 옆줄에 있는 원소들이야. 이렇게 반도체는 우리가 살펴본 규소나 저마늄 말고도, 두세 가지 원소를 섞어 만든 것들도 많아.

다이오드, 트랜지스터, 반도체 칩

반도체를 이용해서 만든 부품을 '반도체 소자'라고 하는데, 종류는 크게 다이오드, 트랜지스터, 반도체 칩이 있어.

다이오드라고 하면 아마 과학 실험을 할 때 많이 사용하는 조그마한 전구를 떠올릴 거야. 이 전구를 정확하게 발광 다이오드라고 하는데, 조명으로 많이 사용하는 LED도 같은 거야. LED(Light Emitting Diode)가 영어로 발광 다이오드라는 뜻이거든. 다이오드의 한 종류지.

다이오드는 앞에서 살펴본 N형 반도체와 P형 반도체 2개를 붙인 거야. 발광 다이오드는 반도체 2개를 붙여 전류가 흐르면서 빛을 내도록 만든 것이지. 다이오드는 주로 한쪽 방향으로만 전류를 흐르게 할 수 있어. 이 성질을 이용해 교류를 직류로 바꾸는 장치에 많이 사용되지.

그렇다면 N형 반도체와 P형 반도체 3개를 이어서 붙이면 어떻게 될

까? NPN이나 PNP 순서로 3개를 붙이면 '트랜지스터'가 되는데, 이 트랜지스터가 엄청난 발명품이야.

마이크로소프트사의 설립자인 빌 게이츠는 타임머신이 발명된다면 가장 먼저 가 보고 싶은 순간이 바로 트랜지스터가 탄생한 순간이라고 했을 정도로 디지털 문명을 만들어 낸 가장 핵심적인 발명품이거든.

진공관

트랜지스터가 왜 그렇게 놀라운 발명품인지를 설명하려면 트랜지스터가 없던 시대를 살펴봐야 해. 1940년대에 만들어진 초창기 컴퓨터 에니악이 얼마나 거대한지는 많이 들었을 거야. 무게가 30톤에 폭 1m, 길이 24m, 높이가 2.5m나 됐어. 에니악에 사용한 전선의 길이만 130km였고 컴퓨터 하나가 거대한 방을 차지할 정도로 컸지.

에니악에는 유리로 만든 부품 '진공관'이 1만 7천 개나 들어 있었는데, 에니악을 가동시키는 과정에서 열이 나면 진공관이 쉽게 깨졌지. 그래서 사람들이 지키고 있다가 진공관을 교체하고 수리해야 했어. 또 진공관 속 필라멘트를 가열하려면 엄청난 전력이 필요했고 열이 나면 식히는 장치도 있어야 하는 데다 부피도 크고, 고장도 자주 나는 등 불편한 점이 한두 가지가 아니었어.

이러한 진공관을 획기적으로 개선한 발명품이 바로 트랜지스터야. 트

트랜지스터

랜지스터는 3개의 발이 달린 모양으로 생겼고 머리 부분이 손톱만 해.

N형 반도체와 P형 반도체 3개를 붙여서 진공관이 하던 역할을 대신하게 되자 컴퓨터도 라디오도 점차 작아지게 됐어. 진공관을 사용한 라디오는 세탁기만큼 컸는데, 트랜지스터 라디오는 손에 들고 다닐 수 있을 정도로 작아졌지. 컴퓨터도 점차 작아져서 책상 위에 올라갈 수 있게 되었고.

하지만 트랜지스터도 단점이 있었지. 트랜지스터로 전자제품을 만들려면 트랜지스터를 꽂을 판이 있어야 하고, 판을 연결할 전선도 필요했어. 가격도 비싸고 고장도 잦았지. 이런 트랜지스터가 다시 변신한 것이 바로 반도체 칩이야.

수천억 개의 트랜지스터가 들어가는 반도체 칩

컴퓨터나 스마트폰을 뜯어 보면 새끼손톱만 한 얇은 판인 반도체 칩이 잔뜩 들어 있는 걸 본 적 있을 거야. 반도체 칩은 배터리와 전력을 관리하는 반도체 칩, 글자와 영상을 보여 주는 역할을 하는 반도체 칩, 입력한 내용을 저장해 주는 반도체 칩 등 다양해. 기기가 하는 역할이 클수록 많고 다양한 반도체 칩이 필요하지. 예를 들어 일반 자동차에는 반도체 칩이 200~300개가 들어가지만, 자율주행 자동차에는 2,000개 넘게 들어가야 하거든.

반도체 칩을 보면 자세히 보이지는 않지만 뭔가 정교하게 빼곡히 들어차 있어. 이게 바로 트랜지스터라고 생각하면 돼. 하나의 반도체 칩에는 트랜지스터가 자그마치 수백 개~수천 억 개까지 들어 있어. 트랜지스터 하나의 크기가 미세 먼지보다 작다는 거야.

와플과 비슷하게 생긴 반도체 웨이퍼

우선 반도체 칩이 어떻게 만들어지는지 간단하게 설명해 볼게. 반도체 칩은 규소를 녹여서 뜨거운 액체 상태로 만든 다음, 식히면서 잡아당기면 길쭉한 기둥이 만들어져. 이 기둥을 얇게 잘라서 와플 모양을 닮은 판을 만드는데, 이걸 '웨이퍼'라고 해. 우리가 먹는 웨하스나 와플과 어원이 같아. 반도체에 관한 뉴스에 흔히 등장하는 둥근 판이 바로 웨이퍼야. 웨이퍼를 깎아서 전기가 통하는 길을 만들고, 불순물을 넣어서 전류가 흐르게 하는 등의 작업을 하면 돼.

정리하면, 규소로 만든 판에 불순물을 적절하게 주입해서 전류가 흐르게 하고, 홈을 파서 그 길로 전류가 지나게 하는 거지.

웨이퍼를 보면 웨하스처럼 격자무늬

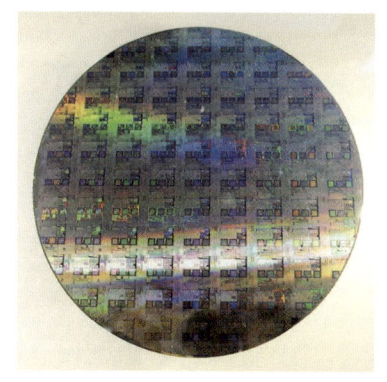

실리콘 웨이퍼

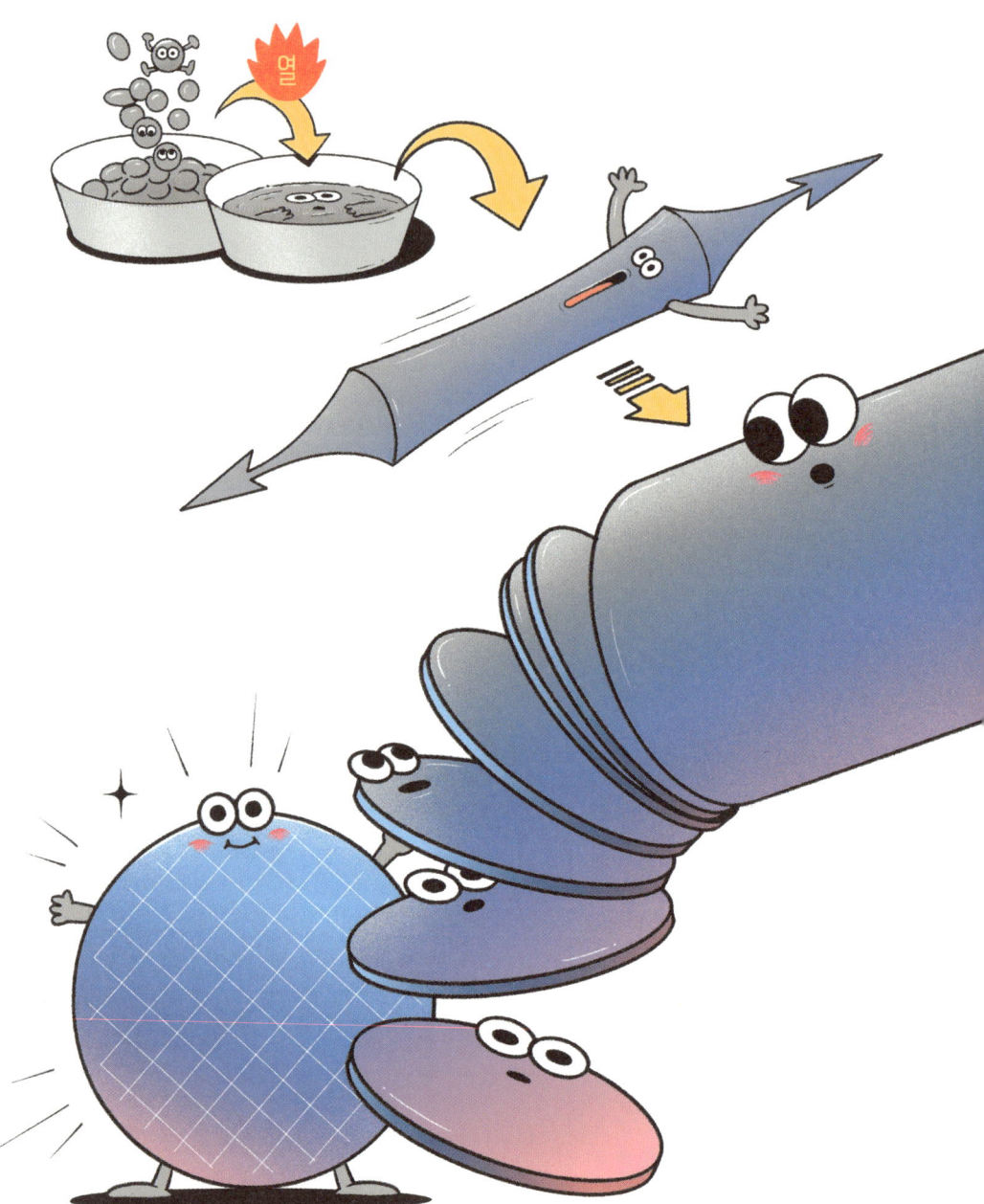

가 있는데 그 조각 하나를 자르면 하나의 반도체 칩이 되는 거야. 웨이퍼의 크기는 50~300mm까지 다양한데, 지름 300mm인 웨이퍼 기준으로 손톱만 한 크기의 칩을 1,000개 넘게 만들 수 있어.

트랜지스터가 데이터를 처리하기 때문에 트랜지스터가 많이 들어갈수록 성능이 좋아져. 그래서 같은 크기의 반도체 칩에 얼마나 많은 트랜지스터를 넣을 수 있는가가 매우 중요한 관심사였어.

1965년 인텔이라는 컴퓨터 회사의 설립자인 고든 무어는 반도체 칩 1개에 저장할 수 있는 트랜지스터의 양이 2년마다 2배로 증가할 것이라고 전망했는데, 실제로 수십 년 동안 그 말과 비슷하게 발전해 왔어. 그래서 이것을 '무어의 법칙'이라고 부르지. 무어의 법칙에 따라 하나의 반도체 칩에 넣을 수 있는 트랜지스터의 양이 획기적으로 늘어나면서 컴퓨터의 크기도 점점 작아졌고 성능은 훨씬 좋아졌지.

반도체의
미래

 이렇게 발전을 거듭해 온 반도체는 컴퓨터나 스마트폰 말고도 우리 주변의 거의 모든 기기에 들어가 있을 정도야. 그만큼 반도체의 역할은 무궁무진하거든.
 컴퓨터가 수많은 정보를 기억하고 저장하고, 사람이 하면 몇 년 걸릴 계산을 순식간에 해치우는 것도 모두 반도체 덕분이야. 휴대 전화에는 말을 하면 글자로 바꿔 주는 기능이 있는데 이것도 반도체가 아날로그 신호와 디지털 신호를 서로 바꿔 주기 때문에 가능한 거야. 카메라로 사진을 찍어 저장할 수 있는 것도 빛의 신호를 전기 신호로 바꿔서 저장하는 반도체 덕분이지.
 해 질 녘 어둑어둑한 길을 걸을 때 갑자기 가로등이 켜지는 경험을 해 본 적 있어? 그 가로등에는 빛에 반응하는 반도체가 들어 있어서 빛의 양을 감지해 자동으로 켜지고 꺼지는 거야.

집에 있는 보일러가 온도에 따라 켜졌다가 꺼지는 것도 온도를 감지하는 반도체가 들어 있기 때문이지. 자동차의 에어백은 압력을 감지하는 반도체를 활용한 것이고, 앞에서도 이야기했듯 요즘 우리가 사용하는 LED도 전기 에너지를 빛 에너지로 변환시켜 주는 반도체야.

당연히 반도체는 앞으로 활용도가 점점 더 늘어날 거야. 사물 인터넷(IoT)이라는 말 들어 본 적 있지? 모든 사물, 즉 기기가 인터넷을 통해서 연결된다는 거야. 예를 들어 전구가 수명을 다하면 자동으로 새 전구를 주문하는 시스템으로 연결하고, 공기가 탁해지면 창문에 있는 반도체 센서가 반응해서 자동으로 창문을 열어 환기해. 또 스마트폰은 물론 자동차, 드론, 헬스케어 등에 인공지능이 더 많이 활용될 거야. 인공지능을 움직이는 것도 결국은 반도체의 성능이 좌우하게 되겠지.

이 말은 점점 더 많은 반도체가 필요하다는 거야. 그런데 무어의 법칙은 이제 한계에 이르렀어. 너무 작게 만들면 전자가 원하지 않는 방향으로 흐르는 문제가 생겨났기 때문이야.

그러면 이제 반도체의 발달은 여기서 멈추는 거냐고? 당연히 아니지. 지금은 더 작고 성능이 좋은 차세대 반도체를 개발하고 있어. 이제까지 반도체의 대명사처럼 된 실리콘, 즉 규소를 대신할 완전히 새로운 재료를 찾는 거지.

실리콘을 대체할 반도체 물질들

지금 많은 과학자들이 주목하고 있는 물질이 '탄소나노튜브'야. 탄소나노튜브는 머리카락 굵기의 10만 분의 1로 어마어마하게 가늘지만, 강철보다 100배나 단단하고, 전기도 잘 통해서 차세대 반도체로 연구하고 있는데, 아직은 꿈의 물질로 불리고 있어.

탄소나노튜브를 활용할 수 있게 된다면 반도체 칩에 들어가는 트랜지스터를 지금보다 100배가 넘는 1조 단위까지 넣을 수 있지. 그만큼 성능이 좋아질 수 있다는 거야.

또 자연 상태에서 전기 자극 없이 플러스와 마이너스로 나뉘는 독특한 물질이 있어. '강유전체'라고 하는데, 아연(Zn), 지르코늄(Zr), 타이타늄(Ti)의 복합 화합물이나 스트론튬(Sr), 비스무트(Bi), 탄탈럼(Ta)의 복합 화합물로 만들 수 있어. 아직은 연구 단계이지만, 플러스와 마이너스로 나뉜다는 건 반도체의 기본 구조인 0과 1 상태를 바로 만들어 낼 수 있다는 거잖아.

생명체의 유전자 정보를 담고 있는 DNA를 반도체 대용으로 사용하려는 연구도 진행 중이야. 만약에 DNA를 저장 장치로 사용할 수 있게 되면, 세상에 존재하는 모든 데이터를 담아도 자동차 트렁크에 들어갈 수 있을 정도라고 해.

DNA보다 더 작은 저장 장치도 개발 중이야. 원자와 원자 사이의 공간에 정보를 입력하는 '원자 메모리'인데 이것 역시 이론이나 기술적으로는 가능하다고 알려져 있어. 만약 원자 메모리가 상용화된다면 전 세계에 존재하는 모든 영화를 1개의 칩에 담을 수 있겠지.

미리 가 보는 20XX년 ②

DNA 반도체 상용화 성공!

안녕하십니까? 9시 뉴스 첫 소식으로 기쁜 소식을 전하게 되었는데요, 먼저 이런 질문을 던지고 싶습니다. 만약 100년쯤 후에 우리의 후손들은 무엇을 통해 지금 시대의 정보를 알 수 있을까요? 그동안 정보 저장을 위해 사용해 왔던 실리콘 반도체는 저장 수명이 10년 정도입니다. 그러니까 100년 후면 반도체 칩이 있다 하더라도 정보를 읽어 낼 수는 없겠지요.

드디어 100년을 넘어서 1,000년, 심지어 1만 년 후까지도 안전하게 저장할 수 있는 반도체가 대중화에 성공했는데요, 바로 DNA 반도체입니다. DNA 반도체는 정보를 오랫동안 안정적으로 보관할 수 있을 뿐만 아니라 일반 컴퓨터보다 100만 배나 많은 정보를 담을 수 있습니다. 상상이 안 갈 정도로 엄청난 저장 능력이지요.

여기서 DNA가 우리 몸에 들어 있는 DNA를 말하는 게 맞는지 궁금하실 텐데요. 네, 맞습니다. DNA가 생명체의 유전 정보를 빼곡히 담고 이중 나선 구조로 되어 있다는 건 많이들 아실 겁니다. 그런데 과학자들은 DNA를 인공으로 만들어 여기에 정보를 저장한 것입니다.

DNA에 정보를 저장한다는 아이디어는 1959년 한 강연에서 천재 물리학자로 유명한 리처드 파인만이 처음 이야기했는데요, 1988년 하버드 대학의 연구진들이 대장균의 DNA에 그림을 저장하는 데 성공했습니다. 그림 정보를 0과 1로 바꾸어 DNA를 구성하고 있는 4개의 염기인 아데닌, 구아닌, 티민, 시토신을 각각 00, 01, 10, 11로 표현한 겁니다.

이렇게 하면 0과 1로만 이루어진 기존의 반도체에 비해 네 가지 숫자로 표현할 수 있어서 더 많은 정보를 저장할 수 있습니다.

리처드 파인만

초기에는 DNA 반도체가 액체 상태로 통에 담겨 있어서 저장한 정보를 다시 읽으려면 시간과 비용이 필요했지만 이제 반도체 칩처럼 작은 플라스틱 조각에 DNA를 심는 데 성공함으로써 우리는 USB 메모리를 들고 다니며 사용하던 것처럼 DNA 반도체를 자유롭게 사용하게 되었습니다.

DNA 반도체가 대중화되면 저장 장치에 사용되는 전력량도 줄일 수 있어 지구 환경을 위해서도 대단히 기쁜 일입니다. 이상 9시 뉴스 박미래 기자였습니다.

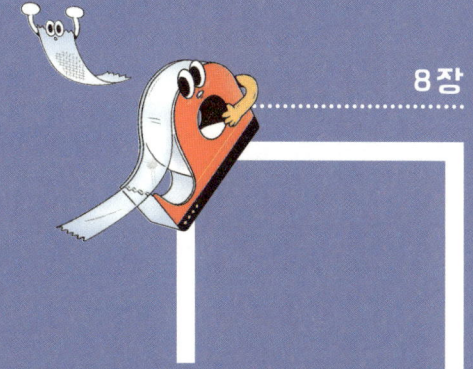

8장

원자 단위까지 작아지면 변신하는 나노 물질

물질이 작아지면 일어나는 놀라운 일들

SF 영화 〈어벤저스〉를 보면 주인공 아이언맨이 우주 최강의 슈트를 입고 맹활약을 펼쳐. 처음에는 무겁고 단단한 강철 슈트를 힘들게 입다가, 언제부터인가 버튼을 누르면 각 부품들이 날아와서 몸에 장착되는 걸로 발전하지. 나중에는 피부처럼 온몸을 부드럽게 감싸는 형태로 바뀌게 돼. 아이언맨의 슈트뿐 아니라 SF 영화를 보면 쓰고 있던 마스크나 옷이 스르륵 사라지며 바뀌는 장면을 볼 수 있어.

물론 영화니까 가능한 일들이야. 그래도 지금부터 얘기하는 '나노(nano) 물질'을 만나면 피부처럼 감싸는 아이언맨 슈트를 만들 가능성에 한발 더 가까이 가게 될지도 몰라. 나노는 '난쟁이'를 뜻하는 고대 그리스어 '나노스(nanos)'에서 유래했어.

나노가 얼마나 작은 단위인지 설명해 볼게. 구름을 이루는 물방울

하나를 잡아서 100개로 쪼개면 돼. 이렇게 자르면 원자 수준까지 작아지는 거야. 주기율표에서 가장 작은 원소인 수소를 10개 정도 늘어놓으면 1nm(나노미터)가 돼.

표면적 확장의 의미

왜 그렇게 힘들게 작게 자르냐고? 작게 자르면 표면적(겉면 넓이)이 엄청나게 커져. 가령 한 변의 길이가 1cm인 정육면체는 표면적이 $6cm^2$야. 이걸 가로, 세로, 높이를 반씩 잘라서 한 변의 길이가 0.5cm인 정육면체 8개로 만들면 표면적이 $12cm^2$가 돼. 각 변을 5등분해 한 변이 0.2cm인 정육면체 125개로 만들면 표면적이 $30cm^2$가 되고 한 변이 0.1cm인 정육면체로 자르면 어떻게 될까? 표면적이 $0.06cm^2$인 정육면체가 1,000개가 되어서 표면적을 모두 합치면 $60cm^2$가 돼. 한 변

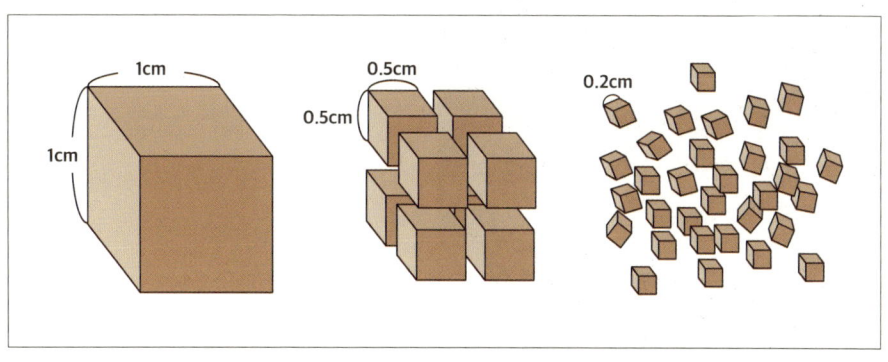

쪼개면 넓어지는 표면적

의 길이가 줄어들수록 표면적은 점점 늘어나지? 1cm 정육면체를 아주 작게 잘라 한 변이 10nm인 정육면체로 자르면 표면적이 600만 cm²가 돼. 잘게 자르기만 했는데, 표면적이 100만 배 커지는 거야.

이게 어떤 의미일까?

철 덩어리에 불을 붙이면 변화가 없지만 철을 가루로 만들면 폭발하듯이 불이 붙어. 그래서 철가루는 연료로도 쓸 수 있지. 바로 이 원리야. 표면적이 넓어진다는 건 다른 물질과 반응하는 면이 넓어진다는 것이거든. 철가루는 산소와 만나는 면이 넓어져서 불이 붙고 폭발할 수 있는 거야.

또 나노 크기로 자르면 원래 물질이 가지고 있지 않던 성질을 나타내게 돼. 영원히 변하지 않아서 오랫동안 장신구나 화폐로 사용해 왔던 금도 나노 크기로 자르면 색이 달라져. 그것도 한 가지 색이 아니라 자를수록 점점 다른 색깔로 변해. 노란색 금이 붉은색도 되었다가 파란색도 된다니 신기하지?

중세 유럽 성당의 유리를 장식하는 스테인드글라스에도 금이 들어 있어. 스테인드글라스의 붉은색 부분은 금나노 가루가 들어간 거야.

스테인드글라스

140

표면적이 넓어지면 벌어지는 신기한 현상들

모든 물질은 원자로 구성되어 있어. 물질이 원자 단위까지 작아지면 전자의 움직임이 달라지게 돼. 그래서 나노 단위까지 물질을 자르면 다른 성질을 나타내는 거야. 보통 1nm에서 100nm 크기 정도를 나노라고 해.

스테인드글라스에 들어간 금처럼 다양한 색으로 바뀌기도 하고, 크기에 따라 녹는점이 달라지기도 해. 일반 금은 1,000℃가 넘는 온도에서 녹지만 2nm까지 작아지면 27℃만 돼도 녹아 버려. 또 은을 10nm 이하의 크기로 자르면 액체처럼 출렁거리기도 해. 우리가 앞에서 살펴본 합금도 나노 크기로 자르면 원래보다 자기력이 엄청나게 높아져.

이렇게 물질이 나노 크기가 되면 색도 변하고, 강도가 더 커지기도 하고, 전기가 더 잘 통하기도 하고 반응성이 더 커지는 등 새로운 성질을 보여. 그만큼 쓰임새도 다양해질 거라는 걸 짐작할 수 있겠지? 앞에서 반도체 칩이 점점 작아지면서 작은 공간에 넣을 수 있는 데이터의 양은 점점 많아졌다고 했잖아. 반도체 칩이 무한히 작아져서 스마트폰을 손에 들고 다닐 수 있게 된 것도, 바로 이렇게 재료를 나노 단위까지 작게 잘라서 표면적을 넓혔기 때문이야.

나노와 함께하는 첨단 기기와 의료 분야

이미 우리 생활 속에도 많은 나노 제품을 사용하고 있어. 한때 은이 살균 효과가 있다고 알려지면서 은 나노 입자를 세탁기, 양말, 화장품 등에 많이 사용했지. 이 제품들은 효과성이나 위험성에 논란이 있어서 주춤해진 상태이긴 하지만, 은 나노 입자는 관절 질환이나 상처 치료 등 의료 분야에서 다양하게 활용되고 있어.

그뿐만 아니야. 스포츠 경기에 사용되는 도구나 옷에도 다양한 나노 물질을 사용하고 있어. 예를 들어 양궁의 경우, 사용하는 활이 가벼우면서도 튼튼하고 충격을 잘 흡수해야 하거든. 그래서 강철보다 튼튼하면서 100배나 가벼운 나노 물질이 활용되고 있어.

어떤 물질이냐고? 바로 탄소야. 탄소는 산소와 결합해서 공기 중에서 일산화탄소나 이산화탄소 형태로 존재하기도 하고, 탄소 원자 한

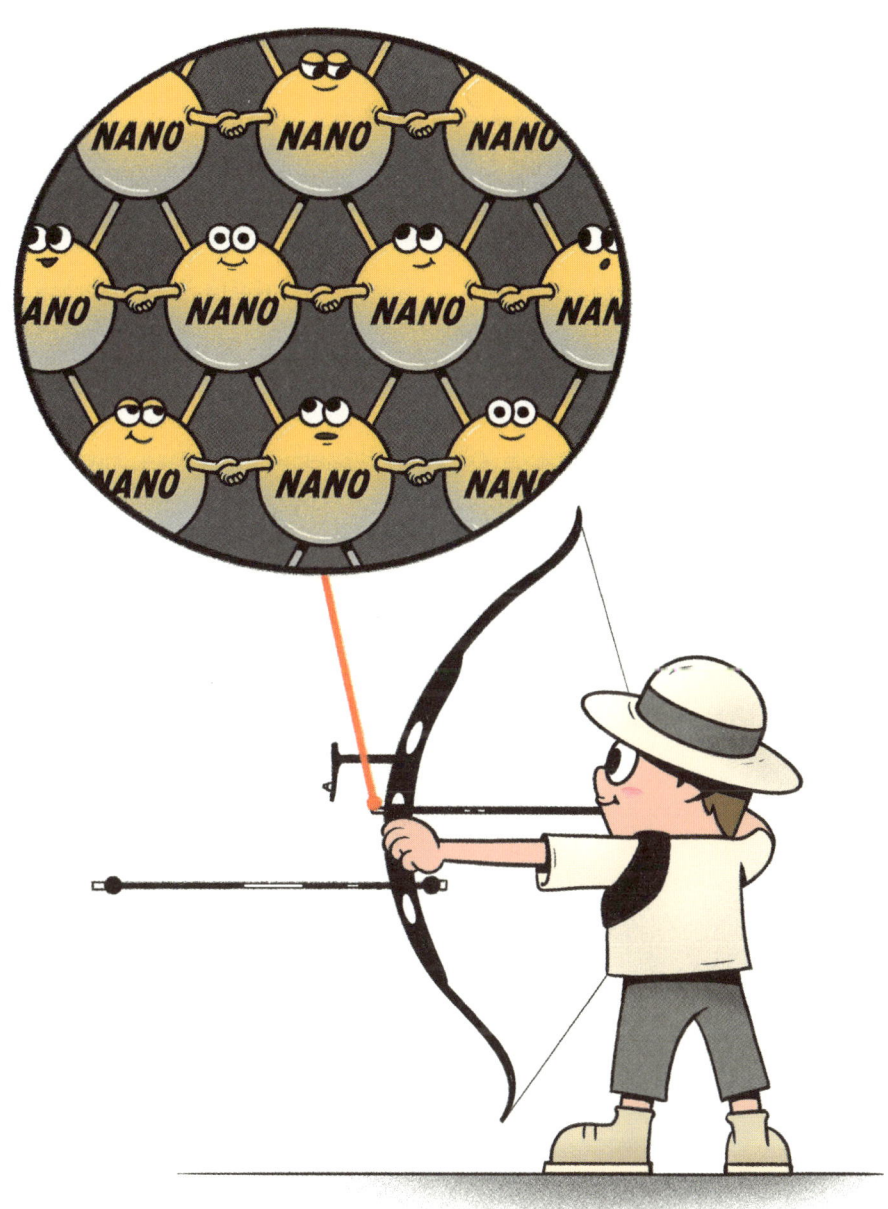

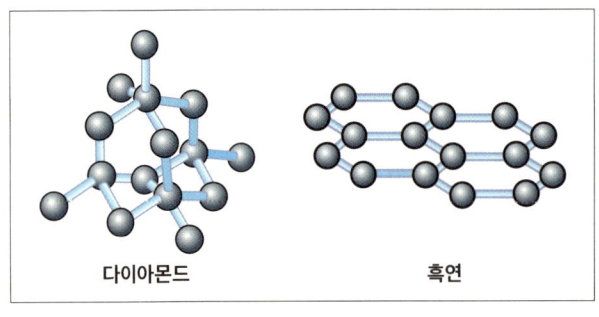

같은 탄소로 이루어진 두 물질

가지로만 이루어진 흑연이나 다이아몬드도 있어. 탄소를 나노 크기로 만들면 우리가 경험하지 못했던 효능을 보여주지. 탄소를 나노 단위로 만드는 방법은 아주 다양해.

먼저 구조를 바꾸는 방법이 있어. 다이아몬드와 흑연은 모두 똑같이 탄소 원소 한 가지로만 이루어졌지만 분자 구조가 달라. 그래서 생김새나 성질, 쓰임도 다르지. 이렇게 분자 구조가 다르면 전혀 다른 물질이 되기도 해.

그래핀의 발견

흑연은 탄소층이 여러 층 겹쳐 있어. 그런데 여기서 한 층만 따로 분리해 내면 또 새로운 물질이 만들어져. 이걸 '그래핀'이라고 하는데, 그래핀이라는 이름도 흑연(Graphite, 그래파이트)에서 온 거야. 그래핀은 얇아서 강도가 약할 것 같지만 놀랍게도 강철보다 200배나 더 강해. 또한 전기를 전달하는 능력도 실리콘보다 100배 빠르고, 열을 전달하는 능력도 다이아몬드보다 2배야. 신축성이 좋아서 늘리거나 접을 수 있고, 빛도 98%까지 투과시키지.

그래서 그래핀은 휘어지는 디스플레이, 몸에 착용하는 웨어러블 컴퓨터, 투명하고 가벼운 배터리 같은 전자 기기는 물론 반도체 칩에 사용되는 실리콘을 대체할 수 있는 첨단 소재로 불리고 있어. 그래핀이 어떻게 실리콘을 대체할 수 있는지 궁금하지? 얇은 그래핀을 더 작게 줄여 나노 크기로 만든 것을 '그래핀 양자점'이라고 하는데, 그래핀 양자점은 반도체의 특성을 갖게 되거든.

그래핀 양자점은 의학 분야에서도 다양하게 활용될 것으로 전망하고 있어. 탄소는 우리 몸에 들어가도 해가 없어. 그래서 그래핀 양자점에 화학 물질을 결합해 질병을 치료하거나, 약물을 운반하는 연구가 진행 중이야.

그래핀의 탄생 과정이 재미있어. 엄청난 물질을 개발하려면 최첨단 기기를 사용했을 것 같잖아. 그런데 놀랍게도 그래핀 발견의 일등 공신은 집집마다 책상 서랍에 하나쯤 있는 스카치테이프야.

2004년, 러시아의 물리학자인 안드레 가임 교수와 콘스탄틴 노보셀로프 박사는 흑연에 스카치테이프를 붙였다 뗀 후, 또 다른 스카치테이프에 붙였다 떼었다를 반복했어. 10~20번 정도 하면 흑연 가루가 점점 더 작아지겠지? 이런 방법으로 0.35nm 두께인, 세상에서 가장 얇은 물질을 얻을 수 있었어. 스카치테이프 덕분에 발견한 그래핀으로 두 과학자는 노벨 물리학상을 받았지.

다양한 형태의 탄소 나노 물질

나노 크기의 탄소 물질이 또 있어. 그래핀이 탄소 한 층만으로 이루어진 거라면, 이것은 탄소 한 층을 둥글게 만 형태야. 그래서 이름도 '탄소나노튜브'라고 해. 탄소나노튜브는 1991년 일본의 이지마 스미오라는 과학자가 발견했어. 강철보다 100배나 강하고, 구리보다 전기가 잘 통하며, 열을 전달하는 능력도 다이아몬드만큼 우수하지.

탄소나노튜브는 한 겹으로 된 형태부터 여러 겹으로 된 것까지 다양한데, 모양에 따라 성질도 달라. 한 겹의 탄소나노튜브가 전기나 열을 가장 잘 전달하고, 여러 겹으로 된 것은 전기나 열을 전달하는 정도는 상대적으로 약하지만, 단단하고 변형이 잘 되지 않는 장점이 있지.

그래핀이 나오기 전까지는 탄소나노튜브가 나노 과학을 상징하는 소재이기도 했어. 그런데 명성과 달리 한동안 관심에서 밀려나 있었지. 한꺼번에 많은 양을 같은 품질로 생산하는 게 쉽지 않았고, 탄소나노튜브의 크기가 워낙 작아 반도체 칩에 들어가는 트랜지스터를 만들기에도 어려움이 있었거든.

하지만 2019년 미국 매사추세츠공과대학의 맥스 슐레이커 교수팀이 탄소나노튜브로 트랜지스터를 만드는 데 성공했어. 현재 반도체 칩에는 수십 억 개의 트랜지스터를 넣을 수 있는데, 탄소나노튜브로 만들면 1조 개까지 가능해. 이 숫자가 커지면 커질수록 우리는 또 새로운 삶을 경험하게 될 거야.

탄소나노튜브가 들어간 컴퓨터의 등장까지 앞으로 해결해야 할 과

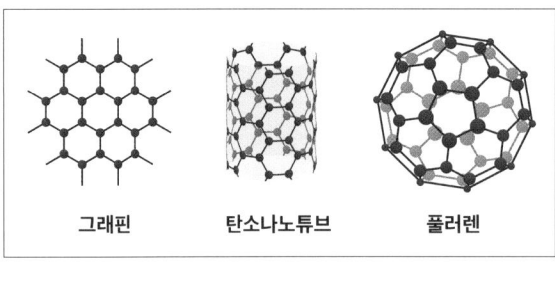

탄소 나노 물질

제들이 있어. 탄소나노튜브는 반도체의 성질도 띠지만 금속의 성질도 갖고 있거든. 반도체의 성질만 가진 탄소나노튜브를 정밀하게 분리해 내는 등의 연구가 더 진행되어야 해.

그런데 이미 컴퓨터 배터리에 탄소나노튜브가 쓰이고 있어. 전자가 빠르게 이동하는 성질을 이용해 효율이 좋은 배터리를 만들고 있지.

또한 탄소나노튜브는 실 형태로 만들 수 있어서 방탄복을 만드는 데도 활용되고, 그래핀과 결합해 반도체 칩에 들어가는 에너지 저장 장치를 만들기도 해. 앞에서 말한 양궁의 활을 만드는 재료가 바로 탄소나노튜브야.

나노 탄소 물질은 이게 끝이 아니야. '풀러렌(fullerene)'이라는 물질이 있어. 구조가 축구공을 닮아서 '세상에서 가장 작은 축구공'이라고 부르기도 해. 풀러렌은 축구공처럼 탄소 원자가 육각형과 오각형으로 결합해 있는데, 다이아몬드만큼 단단하고 높은 온도에서도 잘 견디지. 이 안의 텅 빈 공간에 다른 물질을 넣어 새로운 물질을 만들어 낼 수 있는데 어떤 물질을 섞느냐에 따라서 도체, 반도체, 초전도체의 성질을 나타내기도 하고, 이 안에 암이나 에이즈를 치료하는 약을 넣어 활용할 수도 있어.

나노 물질의
미래

물질이 나노 단위가 되면서 변신하는 모습이 참 다채롭지? 나노 물질은 우리가 그동안 상상만 했던 것들을 만들 수 있어.

한국마이크로의료로봇연구원이 이끄는 공동 연구진이 최근 암세포만 골라서 파괴할 수 있는 나노 로봇을 개발하는 데 성공했어. 그동안 항암 치료는 암세포뿐만 아니라 주변의 건강한 세포까지 파괴하면서 여러 가지로 부작용을 일으켰거든. 나노 로봇이 암 치료에 널리 이용된다면, 많은 환자들이 항암 치료 부작용에서 벗어나 한결 편안하게 치료받을 수 있을 거야.

나노 탄소를 이을 나노 물질, 셀룰로오스

탄소처럼 나노 소재로 새롭게 각광받는 물질이 있어. 바로 '셀룰로오스'야. 셀룰로오스는 식물의 세포벽을 이루는 중요한 성분으로 섬유질이라고도 해. 셀룰로오스는 나무를 잘게 잘라서 만들 수 있어. 셀룰로오스가 중요해지는 이유 중의 하나는 바로 쉽게 구할 수 있다는 점이야.

종이를 만들고 남은 부산물, 나무를 자르고 난 부산물, 신문지, 짚 등이나 해조류에서도 구할 수 있거든. 나노 셀룰로오스로 할 수 있는 일도 무궁무진해. 강철보다 5배는 강하고 무게는 강철의 5분의 1수준으로 훨씬 가볍거든.

나노 셀룰로오스를 플라스틱에 1~5%를 섞으면 플라스틱의 강도가 20% 이상 올라가기 때문에 자동차에 들어가는 플라스틱의 무게를 훨씬 줄일 수 있지. 그러면 더 적은 에너지로도 자동차를 움직일 수 있는 거야. 또 자연에서 쉽게 분해되는 비닐도 만들 수 있어.

아직 밝혀지지 않은 나노 물질의 부작용

그러면 피부처럼 감기는 아이언맨의 나노 슈트는 어떻게 만들 수 있을까? 생각해 봐. 우리는 나노 크기의 드론이나 비행하는 나노로봇도 만들 수 있겠지? 그리고 탄소나노물질로 된 아주 작은 나노로봇 수천 수만대가 촤르륵 날아와서 주인공을 감싸면서 변신해 슈트로 결합할 수 있지 않겠어? 이렇게 나노 소재는 우리를 상상하고 꿈꾸게 해. 그리고 우리는 그 꿈을 현실로 만들어 다양한 나노 소재를 활용하고 있어.

그런데 나노 물질이 우리의 몸이나 환경에 어떤 영향을 미치는지에 대해서는 확실하게 밝혀지지 않았고 아직 논란 중이야. 나노 물질은 화장품, 세제, 샴푸 등 우리 인체에 밀접한 제품은 물론 전자 기기, 생명 공학 분야 등에서 다양하게 활용되는데, 100% 안전한지에 대해서는 명확하지 않아. 나노 물질은 지금까지 우리 인류가 사용해 보지 않은 새로운 물질이기 때문이지.

나노 물질의 가장 큰 장점이 작다는 건데, 부작용을 걱정하는 사람들도 있어. 미세 플라스틱이나 미세 먼지가 생명체에 축적되어서 문제를 일으키는 것처럼, 나도 물질 역시 문제를 일으킬지 모른다는 거야. 나노 크기의 물질은 뇌를 비롯한 우리 인체 내부로 침투해서 세포의 핵까지도 들어갈 수 있기 때문에, 분해되지 않은 나노 입자가 우리 인체에 쌓여 문제를 일으킬 위험도 있는 거시.

그래서 여러 나라에서 나노 물질의 사용을 규제하는 법이 만들어지고 있어. 프랑스는 안전성이 밝혀질 때까지 나노 물질을 식품에 넣는 것을 금지하고 있고, 유럽연합은 나노 물질이 포함된 화장품은 반드시 신고를 하도록 규제하고 있어. 또 나노의 위험성을 다루는 '나노 독성학'이라는 분야도 생겼는데 우리나라에도 이 분야를 연구하는 과학자들이 있지.

나노의 활용이 우리 삶을 편리하게 해 주는 것처럼 모쪼록 안전성도 확보되었으면 하는 바람이야.

미리 가 보는 20XX년 ❸

우주 광물 연구원 김나노 씨의 하루

김나노 씨는 오늘도 설레는 마음으로 엘리베이터를 탄다. 김나노 씨는 우주 광물을 연구하는 일을 한다. 우주에는 지구보다 광물 자원이 풍부한 소행성들이 많고 지구에는 존재하지 않는 물질도 많아 김나노 씨는 연구에 매우 흥미를 느끼고 있다.

김나노 씨가 탄 엘리베이터는 우주와 연결되어 있다. 과거에는 우주로 가려면 지구 중력을 뚫고 로켓을 쏘아 올려야 했고 비용도 어마어마했다. 사람이나 물건을 우주로 보내는 데 1kg당 2,400만 원이 들었는데, 지금은 22만 원이면 가능하다. 비용뿐 아니라 예전에는 폭발 위험도 있어서 우주로 가려면 목숨을 걸어야 했다.

그래서 김나노 씨는 과거의 정보를 접할 때마다 이렇게 우주 엘리베이터를 타고 손쉽게 우주로 가게 된 현실에 참 감사하다. 우주 엘리베이터에 대한 아이디어가 시작된 건 아주 오래전인 1895년이라고 한다. 상상으로만 가능한 기술이라고 여겨지다가 수많은 실험과 실패를 거쳐 몇 년 전 드디어 우주와 연결되는 엘리베이터가 건설되었다. 우주 엘리베이터에 사용될 물질로는 오랫동안 탄소나노튜브가 거론되어 왔는데, 탄소나노튜브에 최근 새롭게 개발된 신물질을 조합해 실현했다.

엘리베이터의 유리 벽 위로 엄마의 모습이 떴다. 그래핀으로 만든 투명 디스플레이에 엄마의 화상 전화가 연결되어 있기 때문이다. 엄마는 얼마 전 검진에서 암이 발견되어 오늘 수술을 했다. 수술이 방금 끝났다며 전화한 거다. 요즘은 나노 로봇을 활용한 암 수술이 보편화되어 있어서, 암은 예전과 달리 치료가 쉬운 가벼운 병이 되었다. 이번 주말에는 엄마의 퇴원을 기념하며 온 가족이 캠핑을 갈 계획이다. 캠핑카는 당연히 자율주행차다. 실리콘을 대신해 그래핀으로 반도체 칩을 만들게 되자, 전자통신 기술은 더욱 빠르게 발전했고, 그에 따라 자율주행 자동차가 일반화되었다.

캠핑 생각을 하며 엘리베이터의 유리 외벽을 통해 밖을 보자 오늘따라 지구의 하늘이 더 깨끗하고 예뻐 보인다. 과거에는 미세 먼지라는 게 있어서 하늘이 자주 뿌옇고, 사람들은 마스크까지 쓰고 다녀야 했다고 들었다. 지금은 나노 이산화타이타늄을 비롯한 몇 가지 나노 물질로 손쉽게 공기를 정화할 수 있다. 무엇보다 예전과 달리 공해 물질 자체가 별로 발생하지 않는다. 화석 연료를 사용하지 않기 때문이다. 그래핀을 활용한 태양전지는 효율성이 급격하게 증가했고, 또 우주에 태양전지를 설치해 지구로 이송하는 것도 쉬워졌다.

지금의 세상이 되기까지 참 많은 사람들의 고민과 노력이 있었다. 특히 나노 물질의 안전성을 해결하느라 많은 과학자와 관련 전문가들의 끊임없는 연구가 있었다. 이 소중한 지구를 깨끗하게 후손에게 물려줘야 한다는 생각으로 모두가 함께했기 때문에 가능했던 일이다.

드디어 우주 엘리베이터의 문이 열렸다. 이제 업무를 시작한다.

작가의 말

과학을 한다는 건
새로운 눈을 갖는 일

이 책을 쓰면서 세 가지를 말하고 싶었어.

하나는, 우리가 지금 접하는 물건들은 모두 우주에서 온 원소로부터 시작되었다는 거야. 어떤 것이든 그 안에 있는 원자 하나하나가 아주 뜨거운 우주의 환경에서 만들어져 온 것이기 때문에 작은 사물 하나에서도 강렬한 에너지를 느껴 보길 바랐어.

둘째, 우리 인류는 물질의 기본 단위인 원자를 요리조리 조합해서 끊임없이 새로운 소재를 만들어 왔고, 그 소재들로 상상하지 못했던 새로운 삶을 경험해 왔어. 강철의 발견이 강한 국가를 탄생시켰고, 반도체가 세상을 빠르게 바꾸고 있잖아. 물질이 그냥 혼자 존재하는 것이 아니라 우리의 삶과 매우 밀접하게 연결이 되어 있다는 거지. 그래서 이런 첨단 소재의 발명이나 발견에 대한 소식을 접하게 된다면 이번에는 우리 삶을 어떻게 바꿔 놓을까 상상해 보면 좋겠어. 그럴 때마다 우리의 창의력과 사고력도 끝없이 넓어질 수 있을 테니까.

마지막으로 새로운 물질이 주는 혜택만 보지 말고, 반대되는 면도 함께 생각해 보았으면 해. 오래전 과학 잡지 기자로 일하기 시작했을 때, 어떤 새로운 물질을 개발한 과학자를 인터뷰한 적이 있었어. 그때 이 물질이 분해되어 자연으로 돌아가는 데는 얼마나 걸리느냐고 물었는데, 아직 거기까지는 연구되지 않았다는 답변을 들었지. 이렇듯 새로운 물질이 발견되면 우리는 그 물질이 세상을 얼마나 새롭게 변화시킬 것인가에만 관심을 가지곤 하지.

하지만 우리가 이 책에서 살펴봤듯 새로운 물질이 늘 이롭지만은 않을 수 있고, 심지어 또 다른 심각한 문제를 발생시킬 수도 있어. 그러니 앞으로의 세상을 열어 갈 우리 친구들이 첨단 소재에 좀 더 관심을 갖고 지켜봐 주면 좋겠어.

과학을 한다는 건 이렇게 주변에 있는 사물 하나도 세세히 볼 줄 알고, 더 멀리까지 볼 수 있는 눈이 생기는 거라고 생각해. 우리 독자들 모두에게 그렇게 멋진 눈이 생길 거라고 믿고 기대할게.

권경숙

NAEK 이 도서는 해동과학문화재단의 지원을 받아
한국공학한림원과 ㈜도서출판 나무생각이 발간합니다.

사이언스 틴스 10
궁금했어, 첨단 소재

초판 1쇄 발행 2022년 12월 5일
초판 2쇄 발행 2024년 1월 30일

글 | 권경숙
그림 | 이혜원
펴낸이 | 한순 이희섭
펴낸곳 | ㈜도서출판 나무생각
편집 | 양미애 백모란
디자인 | 박민선
마케팅 | 이재석
출판등록 | 1999년 8월 19일 제1999-000112호
주소 | 서울특별시 마포구 월드컵로 70-4(서교동) 1F
전화 | 02)334-3339, 3308, 3361
팩스 | 02)334-3318
이메일 | book@namubook.co.kr
홈페이지 | www.namubook.co.kr
블로그 | blog.naver.com/tree3339

ISBN 979-11-6218-228-4 73500

값은 뒤표지에 있습니다.
잘못된 책은 바꿔 드립니다.